Werkstatt Neue Kultur
Sprache beherrschen

Werkstatt Neue Kultur

Projekt- und Bildungs-Werkstatt für eine neue Kultur

Die festen Mitarbeiter:
Andreas Poggel: Mediation & Gewaltfreie Kommunikation
Christoph W. Rosenthal: Projekte – Forschung – Kunst

www.werkstatt-neue-kultur.net

Werkstatt Neue Kultur

Hg. Andreas Poggel & Christoph W. Rosenthal

Sprache beherrschen

Kommunikation, Denken und Bewusstsein

Bibliografische Information der Deutschen Nationalbibliothek: Die Deutsche Nationalbibliothek verzeichnet diese Publikation in der Deutschen Nationalbibliografie; detaillierte bibliografische Daten sind im Internet über http://dnb.dnb.de abrufbar.

Zeichnungen vom Autor. Die Zeichen auf dem Titel sind Nachzeichnungen altsüdarabischer = sabäischer Schrift, s. Wikipedia: Altsüdarabische Schrift, dort auch (Verweise auf) Inschriften. Die Zeichen sind nach optischen Gesichtspunkten zusammengestellt, ergeben also allenfalls zufällig Sinn.

Herstellung und Verlag:
BoD – Books on Demand, Norderstedt

ISBN 9783 751 948 852

Aufriss

„Wittgenstein sagt, dass Probleme entstehen, weil wir die Arbeitsweise unserer Sprache missverstehen. Er sagt, wir seien von der Sprache >verhext<, und manchmal hätten wir einen >Drang<, sie misszuverstehen.“ [1]

„90 Prozent der Zeit reden Menschen aneinander vorbei.“ [2]

Mit Sprache erhielt der Mensch Zugriff auf seine neurologische Steuerung in Denken und Verhalten. Damit wurde die Ablösung von der genetischen Verhaltenssteuerung möglich. Denn diese führte im Vorfeld vor der Humanevolution in ausgeprägte Konkurrenzkämpfe um Ränge und um Geschlechtspartner/innen bis hin zum Aussterben im gegenseitigen Selbstruin. Demgegenüber entstand mit der Befähigung zu Selbst-Steuerung und Kommunikation im Verlauf der Humanevolution ein fähiges Sozial- und Beziehungs-Leben (>Kultur<), woraus sich der große Erfolg unserer Art Homo sapiens ergab.

Hierbei wurde Sprache im Verlauf der humanevolutionären Entwicklung über die unmittelbare Ebene von Vokabular und Grammatik hinaus zu einer Art Software. Diese Software-Struktur war die Ursache, dass Sprache bei der entsprechenden Installation und Einübung mehr und mehr Zugriff auf die Hardware der genetischen Verhaltens-Steuerung der Tier-Stufe erhielt.

Ganz entsprechend geht eine wirkliche Sprachbeherrschung zwecks Kommunikation und der Selbststeuerung seines Verhaltens **entscheidend** über die bloße Gebrauchs-Ebene von Voka-

---

[1] A.C. Grayling: *Wittgenstein*. S. 148
[2] Aljoscha Long & Ronald Schweppe: Praxisbuch NLP, S. 178

bular und Grammatik hinaus. Von Sprache lediglich ihre Oberflächenstruktur aus Vokabeln und Grammatik (Chomsky) wahrzunehmen und zu verwenden, zeitigt tatsächlich solche problematischen Folgen, wie es oben in den Zitaten angedeutet wird. Die großen kulturgeschichtlichen wie auch viele private Probleme haben darin ihren Ursprung.

Die tatsächlichen Dimensionen von Sprache können heute von der Evolution an über die Humanwissenschaften wie Anthropologie, Kulturologie, Neurologie, Psychologie und Linguistik bis hin zu den historisch entstandenen Problemen erschlossen werden. Diese Einsichten sollen in dieser Broschüre für einen recht grundlegenden Überblick genutzt werden.

Die Methodik der >Gewaltfreien Kommunikation< nach M.B. Rosenberg wie auch eine nicht-sprachliche „Meditation", wie sie u.a. im Zen praktiziert wird, sind ideale Ansätze, um entscheidende Grundlagen der Arbeitsweise von Sprache in uns erfahren und beherrschen zu lernen. Damit lässt sich der Gebrauch von Sprache weit bewusster und zielgerichteter nutzen und der Zugang zum Leben deutlich vertiefen. Dies ist auch für ein gutes Sozial- und Beziehungs-Leben von entscheidender Bedeutung.

Die **Werkstatt Neue Kultur** arbeitet u.a. zu diesem Bereich und bietet hierzu auch Veranstaltungen, Seminare und praktische Übungsmöglichkeiten an.

www.werkstatt-neue-kultur.net

Inhaltsverzeichnis

Vorwort

Für uns ist der Bereich Sprache mit seinen verschiedenen Dimensionen wie u.a. Kommunikation und die nicht-sprachliche Meditation, wie sie etwa im Zen praktiziert wird, sowohl ganz unmittelbar persönlich als auch für die Entwicklung einer Neuen Kultur von grundlegender Bedeutung geworden.

Im nicht-sprachlichen Zustand lässt sich erleben, wie eigenständig unser Gehirn alles Mögliche an Gedanken produziert und wie schwierig es ist, sich das Denken des eigenen Gehirns wirklich anzueignen.

Diese Problematik lässt sich auch beim >Reden< beobachten. Es reichen oft schon erste >Stichwörter<, um einen starken Drang zu >Antworten< zu empfinden. So verliert sich leicht die Aufmerksamkeit für die Anderen wie oft zunächst mehr noch für sich selbst (= sein Selbst). Man fällt dabei persönlich wie auch gesellschaftlich verinnerlichten Mechanismen anheim. In solchen Fällen können weder eine wirkliche Begegnung noch sinnvolle soziale Auseinandersetzungen entstehen.

Die Ursache dieser Problematik liegt in unserer Kultur. Es ist in der schon vor langer Zeit aus dem Bewusstsein geraten, was eigentlich Sprache ist und welche Lernprozesse dabei notwendig sind.

Von hier aus spielt dieser Bereich für uns bei unserem Ansatz der Entwicklung von produktiven Begegnungen, sinnvoller Zusammenarbeit, erfreulichen Sozialkontexten und einer insgesamt allgemein Neuen Kultur eine grundlegende Rolle.

Es gibt längst verschiedene Techniken, mit der sich vielfältige kommunikative und soziale Probleme vermeiden und neue menschliche Qualitäten erschließen lassen. Die Gewaltfreie

Kommunikation nach M.B. Rosenberg, Mediation, Formen der nicht-sprachlichen Meditation und weitere verschiedenartigste Einsichten im Kontext von Sprache, Bewusstsein und Kultur gehören dazu.

Diese Broschüre steht in Verbindung zu unseren praktischen Angeboten zur Gewaltfreien Kommunikation, zur nicht-sprachlichen Meditation und (beruflich) zu Mediation (Andreas Poggel). Die Ausführungen können die praktischen Erfahrungen vertiefen und erweitern. Umgekehrt bieten wir mit den Seminaren und Kursen die Möglichkeit zu praktischen Erfahrungen wie dabei gleichzeitig – was uns ein großes Anliegen ist – auch eine soziale Ausgangsbasis, die Ansätze selbst organisiert fortzusetzen. Auch dafür stehen wir als Diskussionspartner, als Coach und bei entsprechenden Möglichkeiten mit Netzwerk-Kontakten zur Verfügung.

Von dem hier bestehenden inhaltlichen Zusammenhang wird hier auch das Thema Kommunikation angesprochen. Doch von den eigenen Hintergründen soll dieses Thema auch in einer eigenen Broschüre behandelt werden.

Diese Broschüre ist eine stark reduzierte Fassung des Buchs >Was eigentlich Sprache ist< von CR, das zu allen hier angesprochenen Aspekten weitergehende Informationen und Ausführungen bietet.

Die Forschung und die Abfassung sind im Wesentlichen die Sache von CR, während AP die Erfahrung aus der Durchführung von Kursen zur GFK und zu Zen einbringt.

Für die Werkstatt Neue Kultur

Andreas Poggel (AP) & Christoph Rosenthal (CR)

Teil 1

Zu Sprache

Die Evolution von Sprache erklärt sich u.a. darin, dass man Lautformen in Hören und Hervorbringen zwecks Informations-vermittlung und kommunikative Verhaltens-Impulse in neuer Form gebrauchen lernte.

Sprache erklärt sich jedoch nicht eigentlich von diesen Lauten her – die nur die äußere Form sind -, sondern von einer neuarti-gen Einbettung in das neurologische System. Dass die bloßen Lautformen nichts an sich bedeuten, kann man bestens bei einer unbekannten Fremdsprache feststellen. Ihre Bedeutung erhalten die Lautformen erst darüber, in welcher Weise sie in dem neu-rologischen System integriert (>installiert<) sind.

Hierbei hat das neurologische System recht unterschiedliche Ebenen und Arbeitsformen, die in Hinsicht auf Sprache, ihre An-lage, ihren Gebrauch und ihre Wirkung von Konsequenz sind. Um das zu verstehen, sind einige Informationen über die Evolu-tion des Gehirns und die der Sprache von Bedeutung.

Überblick zur Evolution des Menschen
nach der hier vertretenen Auffassung

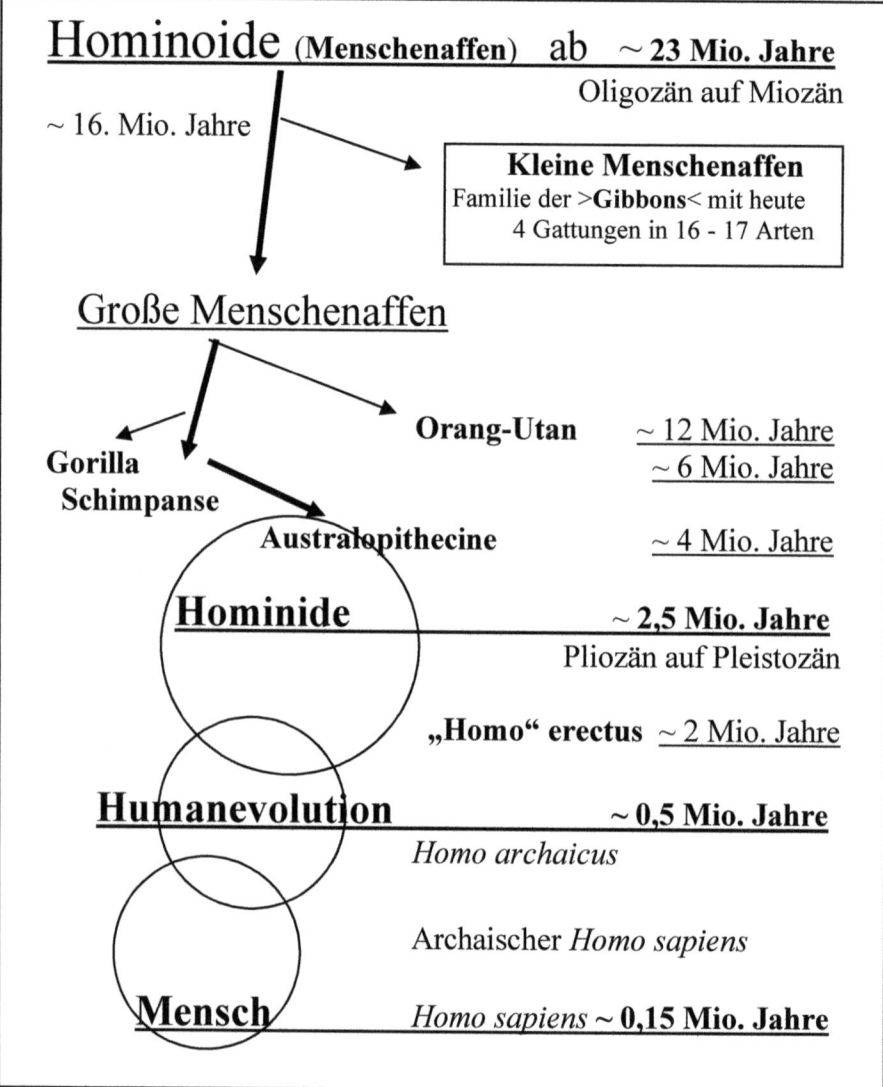

Hominoide (Menschenaffen) ab ~ 23 Mio. Jahre

Oligozän auf Miozän

~ 16. Mio. Jahre

Kleine Menschenaffen
Familie der >Gibbons< mit heute
4 Gattungen in 16 - 17 Arten

Große Menschenaffen

Orang-Utan ~ 12 Mio. Jahre

~ 6 Mio. Jahre

Gorilla
Schimpanse

Australopithecine ~ 4 Mio. Jahre

Hominide ~ 2,5 Mio. Jahre

Pliozän auf Pleistozän

„Homo" erectus ~ 2 Mio. Jahre

Humanevolution ~ 0,5 Mio. Jahre

Homo archaicus

Archaischer Homo sapiens

Mensch Homo sapiens ~ 0,15 Mio. Jahre

1 Zur Evolution von Sprache

1.1 Zur Evolution des Gehirns

Großhirn oder **Neokortex** (grau markiert)

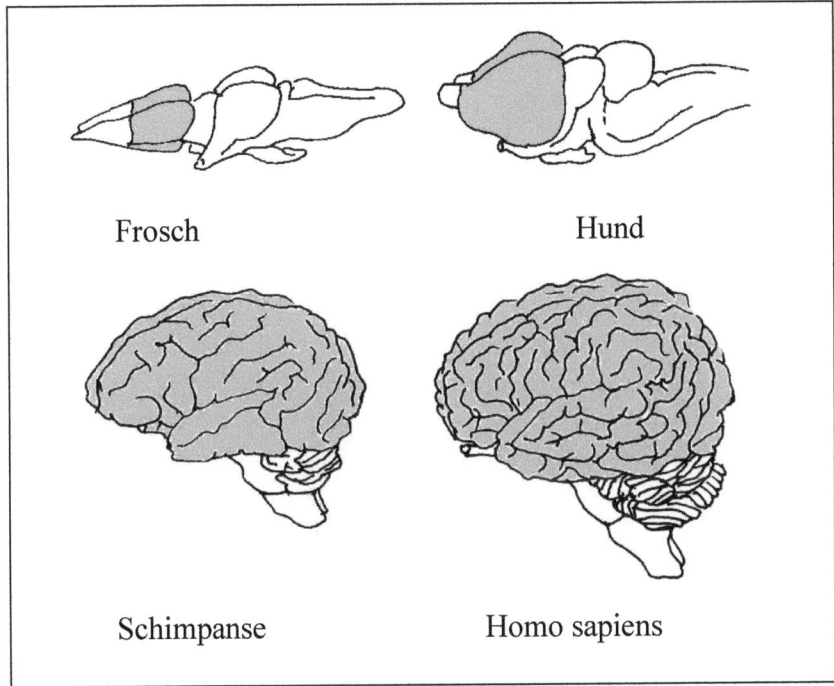

Nachzeichnung nach: Hoimar v. Ditfurth: *Der Geist fiel nicht vom Himmel, 7. Farbblatt nach S. 224*

Dieses Buch bietet eine gut lesbare ausführliche Abhandlung über „Die Evolution unseres Bewusstseins" (so der Untertitel), wenn es auch nicht mehr in allem aktuell ist.

13

Nach einer interessanten Theorie entsprechen drei Sektoren im menschlichen Gehirn drei grundlegenden Stufen in der Evolution des Gehirns. Diese **Unterschiede** spielen in Hinsicht auf Sprache eine höchst **entscheidende** Rolle (s. S. 23 ff. und insbesondere S. 31).

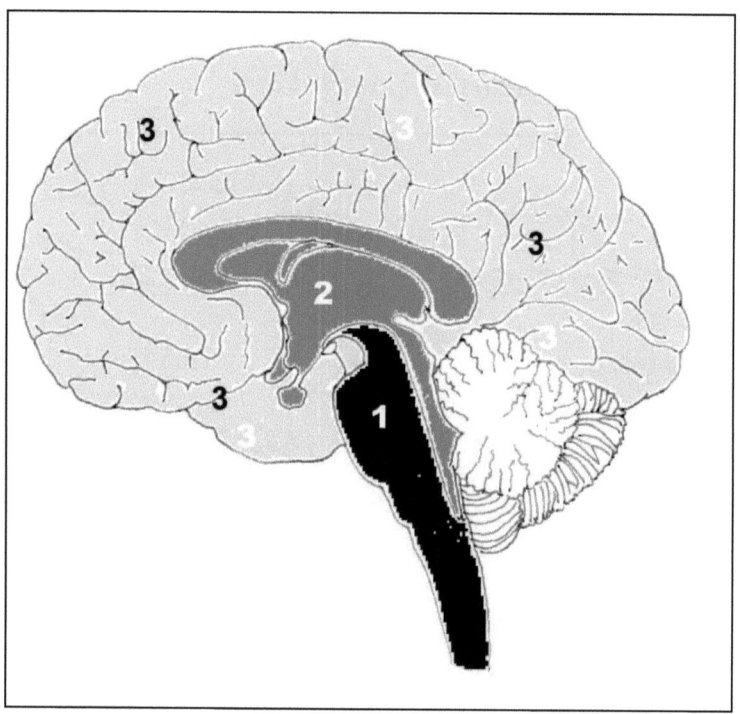

Menschliches Gehirn mit den drei grundlegenden evolutionären Stufen:

1 >unterer Hirnstamm< (schwarz),
2 >Zwischenhirn< (oder „Reptiliengehirn", dunkelgrau)
3 >Großhirn< oder (Neo-) Kortex (hellgrau)

Nachzeichnung nach: Hoimar v. Ditfurth: Der Geist, S. 18 f., 84 f., 226 f.

1.2 Zur evolutionären Entstehung von Sprache

„Eine Sprache verstehen, heißt, eine Technik beherrschen.“ [3]
Ludwig Wittgenstein

Wörter sind zunächst einmal Lautformen. Sie konnten zu Bestandteilen der neurologischen Funktionslogiken werden, wo eine Befähigung zum Hören und zur Erzeugung von Lauten vorhanden war.

„Wörter sind nichts anderes als Geräusche, die das Gehirn [*evolutionär ursprünglich*] auf dieselbe Weise verarbeitet wie alle anderen akustischen Signale. Der Klang eines Wortes trifft auf die Hörrinde des Cortex und wird zu einer bewussten Sinneswahrnehmung wie das Pfeifen des Windes oder das Klingeln eines Telefons. Der Unterschied zwischen alltäglichen Geräuschen und Wörtern besteht darin, dass das Gehirn von Kindheit an dazu erzogen wurde, den Klang bestimmter Wörter mit bestimmten Erinnerungen zu verknüpfen.“ [4]

Was Wörter von Geräuschen und auch von Lauten wie *oh! au! ih!* usw. unterscheidet, erklärt sich nicht vom Akustischen her,

---

[3] Wittgenstein: Philosophische Untersuchungen, zitiert nach: A.C. Grayling: Wittgenstein, S. 99
[4] John McCrone: Als der Affe sprechen lernte, S. 118

sondern von ihrem Gebrauch und ihrer anderen neurologischen Einbettung.

„Gehirnuntersuchungen an Rhesusaffen schienen diese Sichtweise ebenfalls zu stützen: Sie ergaben, dass die Lautäußerungen dieser Tiere nicht vom Neocortex gesteuert werden – also von der Großhirnrinde, die die meisten intellektuellen Prozesse lenkt -, sondern vom sog. Limbischen System, das mehr für den Gefühls- und Instinktbereich zuständig ist." [5]

Die Evolution von Sprache entstand jedoch nicht, wie gemeinhin angenommen wird, unmittelbar in dem Schritt von Lauten zu Wörtern. Die neue neurologische Einbettung des Lautgebrauchs vollzog sich in der **Umkehrung** des Laut-Gebrauchs: **vom Hinweis und Appell an andere zum Hinweis und Appell an sich selbst** (= an sein Selbst), und zwar zwecks Durchführungen von komplexeren Aktivitäten, für die die bisherigen neurologischen Strukturen nicht zureichten.

Es ist **dieser Schritt**, der auch die neurologische **Voraussetzung** zum planerischen Denken, zu einem systematischen Werkzeuggebrauch und einer neuartigen Geschicklichkeit - hier insbesondere in der Handfertigkeit - stellt.

Wohl setzt der Schritt zum Gebrauch von Mitteln nicht per se sprachliches Denken voraus, und er findet sich auch bereits früher in der Tier-Welt. Was hier die Rolle spielt, ist die neue Komplexität und Präzision der Aktivitäten. Besondere Beispiele dafür ist das Erlernen des Tippens oder von Musikinstrumenten. Dieses Erlernen ist aufgrund seiner komplexen Präzision zunächst von einer genauen >geistigen< Kontrolle abhängig, bis die Bewegungen durch ständiges Wiederholen >in Fleisch und Blut übergehen<, sprich durch den Aufbau der neurologischen Verbindungen hinreichend in den tieferen neurologischen Berei-

---

[5] Martin Kuckenburg: Wer sprach das erste Wort? S. 31

16

chen verwurzelt sind. Diese vorausgehende Kontrolle der Bewegungsmuster ist mit Sprache verbunden. Die durch Sprache ausgeübte Kontrolle ermöglicht eine neuartige Komplexität und Präzision, wie sie bei dem Erlernen des Tippens, eines Instruments und bei bestimmten Handfertigkeiten notwendig ist.

Auch wenn es bislang keine Möglichkeit gibt, den Beginn der Evolution von Sprache direkt greifen zu können, so stellt sich doch die Evolution von Sprache als die **Voraussetzung** für ein effektives Planungs-Denken wie etwa eine gezielte Werkzeug-Produktion, für ein bestimmtes Maß an Bewegungs-Präzision in der Handfertigkeit wie in Verbindung mit dem evolutionären Schub der Großhirn-Entwicklung dar. Von daher lässt sich sagen:

„Die Mehrzahl der Fachleute bringt trotz dieser Unsicherheiten das enorme Wachstum insbesondere des Großhirns im Verlauf unserer Entwicklungsgeschichte mit einem wahrscheinlich schon frühen Auftreten des Evolutionsfaktors Sprache in Zusammenhang. >Wenn die Hominiden nicht die Sprache nutzten und verfeinerten, würde ich gerne wissen, was sie mit ihren selbst beschleunigt wachsenden Gehirnen taten<, bemerkte etwa die amerikanische Anthropologin Dean Falk 1989 in einem Diskussionsbeitrag ironisch, und auch ihr Kollege Terrence Deacon vermutete: >Die Sprache war die Hauptursache, nicht eine Folge des menschlichen Gehirnwachstums.<" [6]

„Dies ist umso wahrscheinlicher, als Werkzeugproduktion und Sprache nach Meinung vieler Fachleute auf miteinander korrespondierenden geistigen Fähigkeiten beruhen und ihre neurologischen Grundlagen sich daher im Verlauf unserer Evolutionsgeschichte Hand in Hand entwickelt haben dürften. >Die Handlungsabläufe bei der Geräteherstellung haben strukturelle Ähnlichkeit mit denen bei der Konstruktion eines Satzes<, urteilt etwa der bereits zitierte Prähistoriker Gowlett, und die Neurologin Kathleen R. Gibson schrieb 1988: >Ge-

---

[6] Martin Kuckenburg: Wer sprach das erste Wort? S. 58

rätegebrauch und Sprache teilen eine gemeinsame neurologische Basis und dürften sich deshalb zusammen herausgebildet haben."[7]

Tatsächlich ist der Bestand und Erwerb von Sprache sogar für unsere Art zu >sehen< die Voraussetzung. Wir haben es hierbei keineswegs mit unmittelbaren >Sinneseindrücken< zu tun. Dass wir all die Sachverhalte unseres Sehens zu >erkennen< vermögen, ergibt sich ausschließlich darüber, dass wir ein Wissen darüber aufgebaut haben. Dies beginnt mit dem zeigenden >da< des Säuglings, der aufgrund der mit der Sprachlichkeit verbundenen Gehirnstrukturen all die Objekte *wahrnehmen* und später identifizieren *lernt*. Bei dem >Sehen< wird mit dem Erwerb des Wortschatzes ein Bewusstsein über diese Sachverhalte aufgebaut.

Ein Beispiel, woran wir uns den neurologischen Vorgang des >Sehens< verständlich machen können, sind Schrift, Text und Lesen (analog zu Sprache). Wäre dieser Text in chinesischen Schriftzeichen geschrieben, hätten wir keine optische Störung, aber sehr wohl ein Problem im Verstehen, was bereits mit der Rezeption der Zeichen begänne. Wie sehr ein >Verstehen< optischer und akustischer >Phänomene< aufgebaut werden muss, wird an einer fremden Schrift, einer fremden Sprache wie an Sachverhalten von Fachwissen deutlich.

Das Entscheidende ist zunächst nicht das große Vokabular und noch weniger eine spezielle Grammatik, sondern die Ausprägung einer mit Sprache verbundenen neuartigen neurologischen Struktur, wie es beim Säugling in Verbindung mit dem zeigenden Universalwort dt. >da< zum Ausdruck kommt und beginnt. Entsprechend entstand evolutionär quantitativ wie vor allem auch qualitativ eine neuartige neurologische Großhirn-Entwicklung, die sich in dem neuen Schub an Großhirn-Entwicklung

---

[7] Martin Kuckenburg: Wer sprach das erste Wort? S. 77 f.

(s.u.) wie in den evolutionär neuartigen Aktivitäten und auch an unserer evolutionär neuartigen Arbeitsweise des Gehirns belegt. Ein höchst bedeutsamer und neurologisch alles andere als selbstverständlicher Sachverhalt ist, dass sich mit Hilfe von Wörtern das >Bewusstsein< **aktiv** aufnehmen lässt. Mangels Wörter bleiben bei dem Schimpansen die Techniken und >Mittel< neurologisch effektiv von den Situationen abhängig. In dieser Hinsicht gilt in engster Form >Aus den Augen – aus dem Sinn<.

„Auf dieser Pyramide der Reizverarbeitung liegen die Sprache und die künstlichen Aspekte des menschlichen Geistes wie eine dünne Kruste. Diese dünne Kruste übt jedoch einen gewaltigen Einfluss auf den Menschen aus, da sie in der Lage ist, die Richtung des Verarbeitungsprozesses umzukehren. Tiere leben ausschließlich in der Gegenwart: alle ihre Sinneswahrnehmungen steigen wellenartig bis zur Spitze auf und verwischen dabei die Spuren früherer Wellen. Durch die Sprache ist es jedoch möglich, die Richtung umzulenken und Gedanken zurückzulenken. [...] Die dünne Kruste bewirkte also, dass das Gehirn nicht mehr nur einseitig von der Außenwelt angetrieben wurde, sondern dass es auch auf die sprachlich motivierten Gedankenketten in seinem Innern reagierte."[8]

Zu dem Thema >Sprache< und ihrer evolutionären Entwicklung bietet das Buch von John McCrone „Als der Affe sprechen lernte" eine gute lesbare Einführung, wenn dieses Werk auch nicht in jeder Hinsicht befriedigend ist, vor allem nicht, wo es sich dem historischen Bereich annähert.

---

[8] John McCrone: Als der Affe sprechen lernte, S. 202

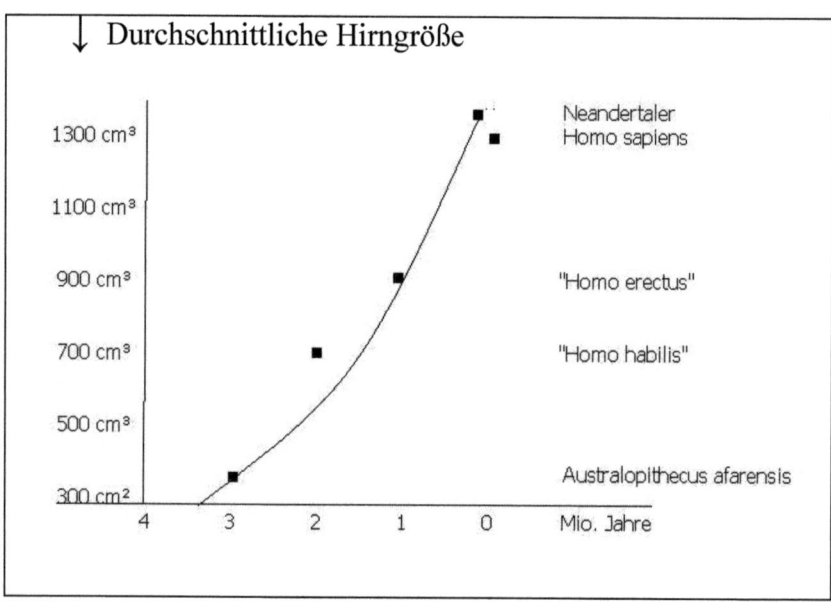

Vereinfachte Nachzeichnung einer offenbar einstmals verbreiteteren Graphik. [9]

Die Gesamtzusammenhänge sprechen dafür, dass der **evolutionäre Beginn von Sprache**

- mit dem **geologischen Umbruch vor ca. 2,5 Mio. Jahren** =
- mit Beginn der >**Steinzeit**< = Herstellung von Stein-
    Werkzeugen =
- mit dem Beginn der **Hominiden**-Evolution

in Verbindung steht.

---

[9] sie findet sich z.B. in Roger Lewin: Spuren der Menschwerdung, S. 143, und GEO Wissen „Die Evolution des Menschen", S. 80. Ich sah diese Graphik auch in einem neueren Internet-Artikel

Der erste Schritt verknüpft sich mit der Umkehrung des Lautgebrauchs als Appell an sich selbst, woraus eine Mutation von Lauten zu Wörtern entsteht. So kam es wohl - ganz entsprechend zur
kindlichen Entwicklung - zur Ausbildung eines ersten Vokabu-
lariums von bis zu 50 Wörtern im Ein-Wort-Gebrauch. Im Laufe
dieser Entwicklung folgt sowohl eine Ausweitung des Vokabu-
lariums als auch die Ausbildung von Zwei- und Drei-Wort-Sät-
zen.

Die *Grundlagen* des menschlichen Spracherwerbs sind angebo-
ren. Es spricht m.E. alles dafür, die **unteren Stufen** der kindlichen Sprach-Entwicklung als **Stufen** der Evolution der **Hominiden** als der Basis der späteren Humanevolution zu begreifen:

Evolution von Sprache	Evolutionäre Stufe
Von **Lauten** zu **Wörtern**	**Hominiden I** (z. B. „Homo habilis")
Von **Wörtern** zu **2 + 3 Wort-Sätzen**	**Spätphase Hominiden I** ▶ ▶ ▶
Sätze und **Satzfolgen** im Kontext von **Erledigungen** (von einfachen Anfängen bis später **beliebig komplex**)	**Hominiden-Stufe II** (z.B. „Homo erectus")

> > Humanevolution

Hominidus habilis   Hominidus erectus

Nachzeichnungen nach Modellierungen in
GEO, Die Evolution des Menschen, S. 24 ff.

Doch sind wir auf dieser Stufe der Evolution von Sprache noch
lange nicht beim >Menschen<.

Mit einer Sprache, die allein aus Vokabular und Grammatik besteht, wird allein die Neokortex-Ebene (S 14) allein erreicht. Damit sind – modern formuliert – allein Produktion und Dienstleistung (Erledigungen) möglich. Diese Form entstand unter der
evolutionären Voraussetzung der genetischen Verhaltenssteuerung. Für die Selbststeuerung seines Verhaltens, die der zentrale
Inhalt der eigentlichen Humanevolution war, bedurfte es einer
Weiterentwicklung von Sprache sowie der neurologischen
Strukturen im Gehirn. Erst damit ließen sich auch die Bereiche
auf der Zwischenhirn-Ebene erreichen, auf der die Verhaltensprogramme angesiedelt sind.

2 Die humanevolutionäre Weiterentwicklung von Sprache

Bei der Sprach-Ebene aus lediglich Vokabular und Grammatik sind wir erst auf der evolutionären Stufe der Hominiden.

Wohl baut die humanevolutionäre Entwicklung, deren Beginn erst in der Spätphase von Hominidus erectus vor ca. 0,5 Mio. Jahren anzusetzen ist, auf der hominiden Sprach-Ebene von Vokabular und Grammatik auf. Die humanevolutionäre Entwicklung hat den Gebrauch von Vokabular und Grammatik übernommen, und zwar sowohl in dem praktischen Bereich von Produktion und Dienstleistung als auch in der Art und Weise, wie wir Sprache *handhaben*.

Wo es nicht um die Sprach-Ebene von Produktion und Dienstleistung geht, sind bei uns Homo sapiens Vokabular und Grammatik nur die >Oberflächenstruktur von Sprache< (Chomsky): unser Zugang zu dem, was bei uns Homo sapiens eigentlich Sprache ist. Angesichts der neurologischen Zusammenhänge spielen bei uns Homo sapiens bei dem Verstehen und Beherrschen von Sprache noch andere Dimensionen von Sprache eine entscheidende Rolle, wie es in Bezug auf Kommunikation sowie bei den Übungen von nicht-sprachlicher Meditation ersichtlich wird.

Der entwickeltere Bestand an Vokabular und Grammatik war die unabdingbare Voraussetzung für die Humanevolution. Ohne diesen Bestand wäre die humanevolutionäre Entwicklung keine Möglichkeit gewesen. Doch ging es hierbei nicht um eine quantitative Ausweitung, wie dies in den immer noch gängigen Konzeptionen der Humanevolution gedacht wird, sondern um einen grundlegenden neurologischen Umbau, mit dem sich überhaupt erst der eigentliche Schritt vom Tier zum >Menschen< erschloss: nämlich mit der Aneignung der genetischen Verhaltenssteuerung zur Befähigung zur Selbststeuerung.

Dieser grundlegende Umbau der neurologisch-genetischen Anlage entstand aus einer dringend gewordenen evolutionären
Problematik. Diese aber lag anders als bei den Hominiden nicht
in äußeren Problemen, sondern in der hominiden Anlage selbst.
Denn anders als die Menschenaffen oder gar die einfachen Affen
geriet sie gerade mit ihrem großen Gehirn, mit Sprache und technischer Intelligenz bei ihrer riesigen Verbreitung über Afrika,
Europa und Asien komplett in das Aussterben. Es deutet sich
dabei an, dass ihre Sprachform ein entscheidender Grund für ihr
Aussterben war.

Es ist von daher von Bedeutung, den grundlegenden *neurologischen* Unterschied zwischen der hominiden und der menschlichen Anlage in ihren ganzen Konsequenzen – vor allem in Bezug auf Sprache - zu erfassen.

Die hominide Evolution war das Produkt gravierender Notstandsprobleme eines geologischen Umbruchs vor ca. 2,5 Mio.
Jahren (Pliozän auf Pleistozän). In dieser Hinsicht bedeutete das
enorme Wachstum an Gehirn in Verbindung mit der Evolution
von Sprache, der technischen Intelligenz und einer neuen Handfertigkeit die Lösung. In Hinsicht auf die äußere Natur war die
hominide Anlage mit ihrem großen technologischen Potential
höchst leistungsfähig.

Wo es um Lösungen von Not ging, war die hominide Anlage
auch in sozialer Hinsicht produktiv. Insofern war sie zunächst
auch ein evolutionärer Erfolg. Doch an sich ging die hominide
Entwicklung auf Kosten des Soziallebens, und sie war auch mit
neuen Anforderungen an das Sozialleben verbunden. Daraus
entstand ein evolutionäres Problem. Die Hominiden waren auf
besondere Anforderungen der Natur angelegt. Doch ohne besondere Anforderungen geriet die hominide Anlage in Leerlauf und
Langeweile sowie in die verschiedensten sozialen Probleme. So
verfielen die Hominiden trotz ihrer riesigen Verbreitung aufgrund mangelnder Herausforderungen sowie im gegenseitigen
Selbstruin durch ihr innersoziales Konkurrenzverhalten dem
Aussterben.

Die humanevolutionäre Entwicklung erklärt sich in ihrem evolutionären Kampf auf Leben und Tod von daher gerade nicht durch eine weitere Steigerung dieser Tendenzen, wie es bislang gemeinhin gedacht wird, sondern ganz im Gegenteil von dem Abgang hiervon.

Als das Grundproblem erscheint an dieser Stelle die genetische Verhaltenssteuerung. Der ganze Schub an Großhirn-Entwicklung und das evolutionäre Entstehen von Sprache und technischer Intelligenz änderten neurologisch nichts an der genetischen Verhaltenssteuerung, so etwa im sozialen Kampf um eine möglichst gute Position in der sozialen Hierarchie und in Bezug auf Geschlechtspartner/innen. Unter der Voraussetzung der genetischen Verhaltenssteuerung bedeutete die Zunahme der technischen Intelligenz, wo sie nicht für die Bewältigung von Not gebraucht wurde, nur intelligentere Kämpfe um eine gute soziale Position – nun bis zum gegenseitigen Selbstruin.

Dies war, wie es sich eindeutig aus dem evolutionären Prozess ergibt, die Problemstellung der humanevolutionären Entwicklung. Denn diese verknüpft sich mit der Ablösung von der genetischen Verhaltenssteuerung hin zu der Befähigung zur Selbststeuerung. Ihre Entwicklung von Kultur ist der äußere Ausdruck der zunehmenden Befähigung zur Selbststeuerung in dem Erreichen eines fähigen Soziallebens in Lebens-Qualität.

Dieses evolutionär notwendig gewordene Ziel wurde in einem evolutionären >Flaschenhals< noch gerade kurz vor dem Aussterben in dem Vorfeld vor unserer Art Homo sapiens erreicht, und dann: mit welchem Erfolg! Unsere kulturale Anlage als der Ersetzung der genetischen Verhaltenssteuerung war das evolutionäre Produkt einer hinreichenden Entwicklung von Kultur als der fähigen Gestaltung seines Sozial- und Beziehungs-Lebens.

Die Entwicklung einer neuen Form von Sprache sowie die Befähigung zu sozialer und gemeinschaftlicher Kommunikation waren die Grundlage dafür.

Die humanevolutionäre Entwicklung verknüpft sich also mit der Ablösung von der genetischen Verhaltenssteuerung hin zur Befähigung zur Selbststeuerung, worin der eigentliche Sachverhalt von >Kultur< zu verstehen ist. Darin liegt der kategoriale Unterschied zwischen Mensch und Tier, der entsprechend erst nach den Hominiden angesetzt werden kann. Diese Entwicklung wurde aufgrund von Sprache möglich. Diese ging in dem neurologischen Umbau in der Humanevolution mit einer entscheidenden Weiterentwicklung von Sprache einher, mit der diese Selbststeuerung möglich wurde.

Der erste Schritt der humanevolutionären Entwicklung begann offenbar damit, dass man seine überschüssige Energie und Intelligenz nicht wie die hominide Linie in unnötige Technik oder gar in einen erhöhten Einsatz im sozialen Konkurrenzkampf bis zum endgültigen sozialen Selbstruin steckte, sondern in die Zuwendung zu seinen Kindern. Auf diese Weise kam man dahin, unreifer Geborene denn je durchzubringen.

Diese immer höhere neurologische Unreife der Säuglinge wirkte sich evolutionär in zwei Dimensionen aus.

Die eine Dimension steht mit dem ganzen Komplex von Sprache in Verbindung. Die Sprache war hier nicht mehr nur für funktionale Tätigkeiten in Produktion und Dienstleistung von Bedeutung, sondern mehr und mehr auch im Umgang mit den Kindern in Sprachspielen, Geschichten und Märchen.

Dies steht mit der anderen Dimension der Ausweitung der Kindheiten und der spielerischen Aktivitäten in der Kindheit in Verbindung. „Vom Ursprung der Kultur im Spiel" – so lautet der hier zutreffende Untertitel des einstmals bekannten Werks >Homo ludens< von Johan Huizinga, das aber leider bislang noch immer keinen zureichenden Eingang in das Verständnis der humanevolutionären Entwicklung gefunden hat.

2.2 Der Dammbruch

Die Entwicklung der Ablösung von der genetischen Verhaltens-steuerung hin zur Befähigung zur Selbststeuerung wurde aufgrund der höheren neurologischen Unreife der Geburten möglich. Dadurch, dass Sprache schon in diesem frühen Stadium in der Gehirnentwicklung *effektiv* wirksam wurde, entstand überhaupt erst die Möglichkeit, dass sie auch zu einem Medium der Steuerung der Verhaltensprogramme auf der Zwischenhirn-Ebene erwachsen konnte.

Doch zuerst bedeutete diese Entwicklung immer auch einen Verlust – nämlich in der Automatik der Verhaltenssteuerung -, was seitdem immer auch zu Entscheidungen und Eigenverantwortung zwang. Erst aus dieser Selbst-Bestimmung entstand – und *entsteht* - die Entwicklung der *Selbst-Steuerung*.

Dass die Unerfahrenheit bzgl. der Selbst-Steuerung evolutionär nicht im Desaster endete, erklärt sich darin, dass diese Entwicklung lange in der Kindheit verblieb, wo schon seit dem Beginn der Großhirn-Anlage die Erwachsenen die eigentlichen Garanten der Realitätstüchtigkeit der Verbände und der Verhaltens-Anlage waren (Über-Ich-Struktur). Doch angesichts dessen, dass in der humanevolutionären Entwicklung die Kindheit als Quelle von Lebens-Qualität erlebt wurde und die spielerische Qualität evolutionär auch Stufe für Stufe ein neues Niveau entwickelte, entstand aus dem langen evolutionären Verbleib von Kultur in dem Bezug mit den Kindern kein Problem.

Zunächst aber bedeuteten die immer weitere Ablösung von der genetischen Verhaltenssteuerung durch neurologisch immer unreifere Säuglinge und die immer stärkere Wirkung von Sprache auf die Verhaltens-Anlage, dass es hier irgendwann zu einer Art neurologischem Dammbruch kam.

Sprache wurde keineswegs in direkter Form zum Instrument der Selbststeuerung. Eine solche Entwicklung war neurologisch keine Möglichkeit.

Vielmehr bedeutete der entstandene Dammbruch umgekehrt, dass Sprache in den Strom der andauernden neurologischen Aktivitäten geriet (was auf der Stufe der Hominiden nicht der Fall gewesen dürfte). Zwar war dies die physiologische Voraussetzung dafür, dass Sprache zu einem vollen Medium der Verhaltenssteuerung (der Zwischenhirn-Ebene) werden *konnte*. Doch zunächst einmal bedeutet(e) dies umgekehrt, dass nun die neurologische Gehirn-Aktivität ohne eine entsprechende Qualifikation von sich aus das Denken und Verhalten bestimmt.

Keineswegs geht also das Denken so einfach von unserer Subjekt-Ebene aus, wie man es zunächst meint. Es ist vielmehr zunächst unsere neurologische Struktur, die Gedanken produziert und darüber auch unser Verhalten bestimmt. Das Denken und Verhalten muss man sich erst – insgesamt bewusst und gezielt - aneignen lernen, sonst bleibt man bestimmt.

„Die innere Stimme sprudelt wie eine Quelle, die nicht zum Versiegen gebracht werden kann, und erzeugt dabei einen unaufhörlichen Strom von Gedanken und Vorschlägen. Wie sehr wir uns auch bemühen mögen, es gelingt uns nicht, sie abzuschalten. Wenn wir einmal versuchen, ganz entspannt dazusitzen und unseren Kopf von allen Gedanken frei zu machen, so werden wir dies vermutlich nicht länger als eine Sekunde [!] durchhalten. Spätestens dann lässt sich in irgendeiner Ecke unseres Geistes das unvermeidliche Wispern unserer inneren Stimme wieder vernehmen. Und sobald wir sie bemerkt haben, kehrt sie in den Mittelpunkt unserer Aufmerksamkeit zurück wie ein Hund, der nach einer Trennung dankbar an die Seite seines Besitzers zurückkehrt. Sogar wenn wir uns verzweifelte Maßnahmen ausdenken, um diese Stimme loszuwerden, wenn wir beispielsweise einen monotonen Satz ständig wiederholen oder innerlich vor uns hin summen, ertappen wir uns früher oder später plötzlich dabei, wie wir sagen >Das ist aber verdammt blöd< oder >Ist sie noch da?<. Sobald wir nur die geringste Spur wahrnehmen, kehrt die innere Stimme in den Brennpunkt des Bewusstseins zurück und beginnt erneut, einen endlosen Strom von Wörtern hervorzusprudeln.

An dem Umstand, dass wir die innere Stimme niemals abschalten können [*doch!*], ist an sich nichts Geheimnisvolles. Es handelt sich einfach um die fortgesetzte Aktivität jenes Hirnareals, das dazu erzogen wurde, Sprache hervorzubringen. Dieses Sprachzentrum – der etwa münzgroße Fleck auf der linken Hemisphäre – fährt einfach fort, Phrasen und Gedankenfragmente zu produzieren, ungeachtet dessen, ob wir gerade sprechen oder unser Geist im Leerlauf verharrt.

Wenn wir versuchen, die Stimme zu ignorieren, indem wir geistig anderswo hinschauen, wird sie unserer Aufmerksamkeit ebenso wenig entgehen wie ein Vorhang, den wir in dem Augenwinkel flattern sehen. Auch wenn wir versuchen, sie zum Schweigen zu bringen, indem wir summen oder mechanisch ein bedeutungsloses Wort wiederholen, bemerken wir früher oder später, dass die innere Stimme immer noch da ist und weiter versucht, Sätze zu bilden. Sie kann ebenso wenig abgeschaltet werden wie unser Gesichtssinn oder Geruchssinn. Wir können zwar die Muskeln unseres Körpers steuern, und sie hindern, dass unser Stimmapparat die Wörter äußert, doch kann das Sprachzentrum ebenso wenig zum Schweigen gebracht werden, wie wir das Sehzentrum daran hindern können zu sehen, solange die Augen geöffnet sind.

Die Art, wie das Sprachzentrum seine Sätze zusammenfügt, ist eine komplizierte Angelegenheit. Offensichtlich geschieht dies nicht bewusst, denn wir werden der Wörter und Sätze erst gewahr, wenn sie heraussprudeln. Manchmal sind wir beim Sprechen über unsere eigene Redegewandtheit erstaunt und fragen uns, noch während die Worte über unsere Lippen kommen, wo sie denn um alles in der Welt herstammen." [10]

Was John McCrone beschreibt, ist nicht ganz so selbstverständlich und so Natur, wie er annimmt, sondern sehr wohl auch eine Frage der Kultur, der Sprach-Anlage und der Sozialisation. Es ist insbesondere die zivilisatorisch-urbane Kultur, die in einem Höchstmaß auf der Sprach-Ebene existiert, was mit einer überaus hohen Reizung des Sprachareals verbunden ist, dass es von dort her schwieriger ist, einen >Abstand zu der inneren Wortmaschine< zu gewinnen. S. mehr dazu unten.

Im Grunde war es erst dieses weit reichende geistig-neurologische Chaos in der Art eines Dammbruchs, das nun in der humanevolutionären Entwicklung endgültig zu der Entwicklung einer systematischen umfassenden Software zwecks Befähigung zur wirklichen Selbststeuerung, Kommunikation und Kultur zwang, wollte man seinem Scheitern entgehen.

Aus der Bewältigung dieses Dammbruchs durch Selbst-Steuerung und Kultur entstand nun umgekehrt der entscheidende evolutionäre Durchbruch aus der endgültig bei den Hominiden entstandenen evolutionären Sackgasse der höheren Großhirn-Anlage.

Dies hatte in Hinsicht auf Sprache verschiedene Konsequenzen.

---

[10] John McCrone: Als der Affe sprechen lernte, S. 191 f.

2.2   Der neurolinguistische Unterschied
zwischen den Hominiden und uns Homo sapiens

Graphische Veranschaulichung dieses Unterschieds in
der neurolinguistischen Funktionslogik

Schwarz: die Verhaltenssteuerung im Zwischenhirn (S. 14 No. 2)
weißer Kreis Großhirn (Neokortex) (S. 14 No. 3)

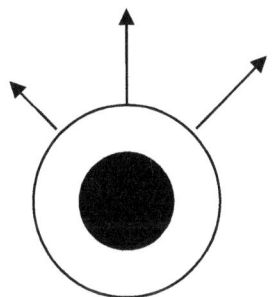

Hominide	Homo sapiens
Erweiterung des Potentials der genetischen Verhaltenssteuerung	+ zusätzlich Befähigung zur **Selbststeuerung**
Sehen – Planen – Handfertigkeit **Technik**	+ Befähigung zur Gestaltung d. Sozial- & Bezichungslebens = **Kultur**
Vokabular & Grammatik	+ Bilder & Geschichten (**Neuropsychogramme**)

Dieser Prozess der humanevolutionären Entwicklung nimmt sowohl neurologisch als auch sprachlich notwendigerweise zwei entgegengesetzte Richtungen an. Einerseits geht es um das Erreichen einer **tieferen** Ebene in dem neurologischen System, um Einfluss auf die bisherige Verhaltenssteuerung im Zwischenhirn-Bereich zu erlangen. Anderseits ist dafür auch ein entscheidend **höheres** Verstehen als bis dahin möglich und notwendig, da nun mehr und mehr der eigenen Steuerung unterliegt.

Sprachlich braucht es entsprechend Formen, die einerseits an die kleinkindlichen Möglichkeiten anschließen und andererseits den Anforderungen der menschlichen Selbststeuerung in Persönlichkeit und Beziehungs- und Sozialleben auf den obersten Ebenen entsprechen.

Tatsächlich belegen sich diese beiden neuartigen Dimensionen an Sprache. Es folgte bereits aus dem Umgang mit den Kindern quasi von selbst, dass sich hier nun Sprache über Geschichten vermittelt. Diese Geschichten enthalten ganze Sets an Vokabular und vermitteln damit weit umfassendere Zusammenhänge, als es die einzelnen Wörter für sich selbst vermögen.

Über diese Geschichten entstanden im Verlauf der Humanevolution Wörter, die eine überaus unterschiedliche Komplexität enthielten. >Gerechtigkeit< ist wohl an sich ebenso ein Wort wie >Stock<. Doch ist mit den kulturellen Begriffen eine höhere Erfahrung an Selbststeuerung verbunden. Anders als >Stock holen< ist von daher für einen Hund ein Verstehen von >Gerechtigkeit< keine Möglichkeit.

Beide Stränge beginnen in der Evolution wie in der Sozialisation gleichermaßen in der Kultur der Kinder mit Sprachspielen und Geschichten. Die kulturellen Begriffe erwachsen aus den Neuropsychogrammen der Kleinkind-Geschichten (>Märchen<) und den höheren Kinder-Spielen, die evolutionär im Grunde als Theater-Skript-Geschichten dem Einüben der Selbststeuerung und einem fähigen Sozial-Verhalten dienen.

2.3 Sprachspiele und Geschichten

„Kleine Kinder lieben Geschichten und wollen immer wieder welche hören. Sie können komplexe Zusammenhänge begreifen, sobald man sie ihnen in Form von Geschichten präsentiert [...]." [11]

„Ein guter Lehrer wird Geschichten erzählen. [...] *Geschichten* treiben uns um, nicht *Fakten*. Geschichten enthalten Fakten, aber diese Fakten verhalten sich zu den Geschichten wie das Skelett zum ganzen Menschen. Wer glaubt, beim Lernen gehe es darum, Fakten zu büffeln, der liegt völlig falsch; Einzelheiten machen nur im Zusammenhang Sinn, und es ist dieser Zusammenhang und dieser Sinn, der die Einzelheiten interessant macht. Und nur dann, wenn die Fakten in diesem Sinne interessant sind, werden wir sie auch behalten." [12]

Die evolutionär neuartige Dimension und Qualität des Spielens haben in dem Bereich Sprache ihre Grundlage. Angesichts der entscheidend höheren neurologischen Unreife des menschlichen Nachwuchses zum Zeitpunkt seiner Geburt kam dem Sprachlichen im Umgang mit diesen Säuglingen eine entscheidend höhere Bedeutung zu. In der hohen Unbeholfenheit der Säuglinge war das Sprachliche der erste Bereich ihrer Möglichkeiten. Die Verwendung von Sprache im Umgang mit den Säuglingen verhinderte, dass die neurologische Unreife zu einer – evtl. gar tödlichen - Behinderung erwuchs. Dass aber die Sprache bereits in diesem neurologisch so frühen Zustand wirksam wurde, schuf die physiologische Voraussetzung dafür, dass das Sprachliche

---

[11] Oliver Sacks: Der Mann, der seine Frau, S. 242
[12] Der Neurowissenschaftler: Manfred Spitzer: Lernen, S. 35

fundamental in das neurologische System integriert wurde. Dies wiederum war die Voraussetzung dafür, dass Sprache nicht bloß wie wohl bei den Hominiden eine Verlängerung der genetischen Verhaltenssteuerung blieb, sondern auch die Möglichkeit zur Selbst-Steuerung seines Verhaltens erschloss. Hier hat das Sprachliche zunächst nicht die Funktion von Problemlösungen und Diskussion. Es beginnt zunächst als *ei-tei-tei* und *du-du-du* als Spiel im Beziehungsverhältnis: als Grundform von Kultur.

Sprach-Spiele   (Laut-Spiele, Sprüche, Lieder)

Auf einem Baum ein Kuckuck
Simsaladim bamba saladu saladim
Auf einem Baum ein Kuckuck saß

Abra Kadabra
dreimal schwarzer Kater

Die Laut- und Sprachspiele sind das Fundament des Sprach-Erwerbs beim menschlichen Nachwuchs. Es sind diese Laut- und Sprachspiele, in denen die Durchdringung des Sprachlichen im neurologischen System im Gehirn beginnt und mit denen zunächst erst mal das Broca- und das Wernicke-Zentrum zwecks Verstehens der Sprachlaute und die Artikulationsfähigkeit als Basis des Sprachgebrauchs trainiert werden. Dieser Sachverhalt lässt sich im Verhältnis einer sehr anderen Sprache begreifen. Es geht nicht bloß um das Erlernen unbekannter Vokabeln: man muss zunächst die Phoneme des Wortmaterials akustisch identifizieren und dann auch artikulieren lernen. Dies kann so schwierig sein, dass man es als Erwachsener nicht mehr zureichend zu adaptieren vermag.

Doch ist das Bedeutsamste des Sprach-Gebrauchs zuallererst, dass der Säugling nicht in seiner so hohen Unbeholfenheit verkommt, sondern in dieser ihm zugänglichen Form Anregung erhält. Die Sprache in ihrem Eigentlichen verstehen kann der Säugling noch lange nicht. Er hört die Sprache als bloße Laute wie >Abrakadabra<, kann aber empfinden, dass sie >Bedeutung< enthalten. Das macht das >Abrakadabra< so spannend.

Es ist dieser Verbund von *Hören – Erleben – Interesse am Spiel*, der evolutionär ein noch entscheidend verstärktes Interesse an Sprache auf der Säuglingsstufe weckte, aller Wahrscheinlichkeit früher als auch erheblich intensiviert als bei den gleichzeitigen Hominiden am Anfang der Humanevolution. Denn es ist dieser Verbund zwischen der höheren neurologischen Unreife zum Zeitpunkt der Geburt und der aufgrund dessen noch völlig andersartigen Funktionslogik von Sprache, mit der sich die Scheidung zwischen den Hominiden und der humanevolutionären Entwicklung von Kultur verknüpfen dürfte. Hier liegt die evolutionäre Ursache, dass Sprache zu einem Instrument der Verhaltenssteuerung werden *konnte* – eine Entwicklung, die freilich erst Schritt für Schritt in der Humanevolution erreicht wurde (s.u.).

Auf dieser physiologischen Grundlage wurden nun diese Sprachspiele wie zuerst *ei-tei-tei* und *du-du-du* zum Ausgangspunkt der Evolution von Kultur und der neuen Sprach-Entwicklung im humanevolutionären Prozess. Diese Sprachspiele eröffneten eine neue Dimension von Spiel wie u.a. auch das Singen, Rollen- und Interaktionsspiele (wo man etwa Tiere nachspielte) wie das Erzählen von Witzen, Abenteuern, Märchen, Fabeln usw.

Der entscheidende Sachverhalt der humanevolutionären Entwicklung von Sprache war, dass hier nun >Geschichten< und Bilder zur Basis der Sprach-Anlage wurden. In Form der mit seiner Existenz und seinen Gefühlen/Empfindungen verbundenen >Geschichten< erhielt man einen Zugriff auf den Zwischenhirn-Bereich der genetischen Verhaltenssteuerung, was die Möglichkeit der Selbststeuerung eröffnete.

> „Geschichten *treiben uns um, nicht* Fakten. *Geschichten enthalten Fakten, aber diese Fakten verhalten sich zu den Geschichten wie das Skelett zum ganzen Menschen. Wer glaubt, beim Lernen gehe es darum, Fakten zu büffeln, der liegt völlig falsch; Einzelheiten machen nur im Zusammenhang Sinn, und es ist dieser Zusammenhang und dieser Sinn, der die Einzelheiten interessant macht. Und nur dann, wenn die Fakten in diesem Sinne interessant sind, werden wir sie auch behalten.* "* [13]

Ganz entsprechend der humanevolutionären Weiterentwicklung von Sprache und Kommunikation formuliert Moeller als eine seiner >Fünf goldenen Erkenntnisse<:

„Ich möchte in unserer Beziehung lernen, mich in konkreten Erlebnissen und nicht in Begriffen zu erläutern, weil Bilder und Geschichten erst wirklich tief gehend und umfassend wiedergeben können, wer ich bin – und wer Du bist." [14]

Dies gilt seit der Ablösung von der genetischen Verhaltenssteuerung zuerst insbesondere für die Sozialisations-Entwicklung. Bevor die Fakten als Einzelheiten von Interesse werden können, braucht es erst einmal einen Rahmen im Denken und Verstehen (= in seiner >Bewusstseins-Struktur<).

„Kinder brauchen sie [*Märchen*], um ein elementares Ordnungsgerüst zu erkennen, sie brauchen sie, um ihre noch dif-

---

[13] Der Neurowissenschaftler: Manfred Spitzer: Lernen, S. 35
[14] Michael Lukas Moeller: Die Liebe ist das Kind der Freiheit, S. 16

fuse Phantasie an Gestalten zu binden und somit ihre Welt dingfest zu machen. Märchen helfen den Kindern, sich in der Welt zu orientieren." [15]

In seinem immer noch wichtigen Buch >Kinder brauchen Märchen< führt *Bruno Bettelheim* dies in vielem näher aus. In dem interessanten Buch >Märchen als Therapie< zeigt die Psychologin Verena Kast in anderer Hinsicht deren Bedeutung.

Von der Sache her sind die Logiken dieser Geschichten für die Kinder als **Neuropsychogramme** zu verstehen. Diese Neuropsychogramme sind die **Brücke zwischen Denken/Sprache und der Zwischenhirn-Ebene der Verhaltensprogramme**, die die Grundlage der Selbststeuerung stellt.

Sie waren in der Wechselwirkung der humanevolutionären Entwicklung gleichermaßen die Folge der Ablösung von der genetischen Verhaltenssteuerung wie umgekehrt die Voraussetzung der Entwicklung der Selbststeuerung und von Kultur.

Diese Neuropsychogrammatik ist der Hintergrund der ursprünglichen >Mythologie<.

---

[15] Emma Brunner-Traut: Altägyptische Märchen, S. 9

2.4 Zur ursprünglichen Mythologie

„Sprache ist in Mythen begründet (Mythos heißt in seiner ersten Bedeutung das Wort), und der Mythos umfasst noch beides, den Primär- wie den Sekundärvorgang, die Vergangenheit wie die Zukunft, die Emotionalität und das rationale Erklärungsbedürfnis."[16]

In den frühen Zeiten der humanevolutionären Entwicklung werden die Erfindungen der neuropsychogrammatischen Motive und Geschichten und das damit verbundene neue Vokabular noch partiell gelegen haben. Doch mit der Zeit entstand eine systematische Sammlung dieser neuropsychogrammatischen Motive und Geschichten in der Entsprechung der Bewusstseins-Entwicklung der Kinder und damit der neurologischen Struktur des Menschen insgesamt.

Denn diese Systematik war eine Voraussetzung für die Entwicklung der vollgültigen Selbststeuerung. Mit partiellen Motiven mochte man wohl an den entsprechenden Punkten die Befähigung zu der Steuerung erreicht haben, aber noch nicht das Eigentliche der vollen Steuerung seiner Persönlichkeit und seiner Sozialverhältnisse. Dies wurde erst mit einer umfassend integrierten Systematik der neuropsychogrammatischen Motive zu einer hinreichenden Konzeption von >Kultur< sowie an Sprache möglich. Das ist, was ursprünglich unter >Mythologie< zu verstehen ist. Mit einer vorwissenschaftlichen Form von Naturwissenschaft oder einer Weltanschauung hat dies nicht im Geringsten zu tun. Das alles sind historische Missverständnisse.

Die Ausbildung der humanevolutionären Mythologie ergab sich aus den Geschichten, die die Kinder zu hören wünschen und zumindest in Teilen selbst anregten. Ihre Systematik ergab sich aus

---

[16] Wolfgang Schmidbauer: Wie Gruppen uns verändern, S. 149

der kindlichen Bewusstseins-Entwicklung. Damit verband sich auch die Entstehung eines entsprechenden Vokabulars, das in den Stufen der Sprach- und Persönlichkeits-Entwicklung der Kinder aufbaute. Durch diesen Aufbau ergab sich auch eine systematische Struktur an Vokabular und eine exakte Definition sämtlicher Begriffe bis hin zu den höchsten kulturellen Steuerungsbegriffen wie >Gerechtigkeit<, ohne die nun mal Kultur im eigentlichen Sinn keine Möglichkeit ist und auch nie entstanden wäre.

Diese Systematik ist der ursprüngliche Sachverhalt der >Mythologie< (vor dem Ende der Eiszeit). Sie ist das Eigentliche und Entscheidende der humanevolutionär entwickelten Sprache bis zum Ende der Eiszeit.

In der Tat: „Am Anfang war das Wort" = der *logos* = der *Mytho-Logos* (man beachte die Verbindung *Wort* = dän. *ord* = lat. *ordo* – *Ord*nung =Sprache - Kultur). Die Mythologie als die erzählte Form der Organisation seiner Sprache war in der humanevolutionären Entwicklung die didaktisch und als Sprache in Worten und Begriffen aufbereitete *Essenz* der Kultur- und Lebenserfahrung wie der Selbst- und Menschenkenntnis (>Erkenne Dich selbst<).

Durch die Mythologie wurde der Mensch diskursiv, bewusst, *Subjekt, Kommunikations-* und *Kulturwesen.* Durch die Mythologie als dialogisches Verhältnis zu den Kindern lernte sich der Mensch in seiner Bewusstseins-Entwicklung, in seinen emotionalen Bedürfnissen, in seinen Lernformen und Wahrnehmungen kennen und begreifen. Durch die Mythologie lernte sich der (Vor- und frühe) Mensch als *Mensch* verstehen, und so verstanden war die Mythologie in der Tat die Grundlage für das damalige Hinauskommen des Menschen über die Tierstufe. Dieses war freilich nur mit einer ganz bestimmten Mythologie und nur mit einem aufgeklärten Verhältnis zu ihr als Erwachsener möglich.

Das also, was die humanevolutionär entwickelte Sprache von der hominiden Sprache aus bloß Vokabular und Grammatik im Entscheidenden unterscheidet, ist >die Mythologie<.

Modell der humanevolutionären *Weiterentwicklung* von Sprache
wie sie sich mir darstellt (vgl. S. 12):

---

höhere neurologische Unreife der Geburten →
Sprachspiele wie *ei-tei-tei* und *du-du-du* + „Jägerlatein" →
Tier-Geschichten & menschliche Begebenheiten →
Tier-Rollen-Spiele sowie anthropomorphe Fabeln,
Märchen & *Role-Models* (*Modelle für Rollen*) →
moralisch-kulturelle Verstehens-Entwicklung = Beginn der
Selbststeuerung →

Überblick über seine anthropologischen Gegebenheiten und
Möglichkeiten →
kulturelle Begriffe → Mythologie →
die kulturelle Sprach-Anlage →

explizit entworfene Kultur-Konzeption →
die Verwirklichung von Kultur →
die evolutionäre Ausbildung unserer

  Art *Homo sapiens*,

die alles dies an kulturellen Gegebenheiten in ihrer kulturalen
Anlage **voraussetzt** (wie ein Computer eine *bestimmte* Software)

Auf diese Konsequenzen kommen wir noch näher zu sprechen.

2.5 Zur ursprünglichen Sprach-Schulung

Von den neurologischen Zusammenhängen kann die eigentliche Selbststeuerung und Beherrschung von Sprache und Kommunikation erst mit dem Aufkommen der Geschlechtsreife als dem Abschluss der kindlichen Sozialisations-Entwicklung erworben werden. Ganz entsprechend war die Evolution von Sprache, Kommunikation sowie von Selbststeuerung und Kultur mit effektiv entsprechenden Schulungen, Übungen und Experimenten verbunden.

Die Entstehung des speziell Menschlichen der Pubertät hat darin ihren Ursprung. Sie erklärt sich nicht aus der Geschlechtsreife an sich, sondern aus den Bemühungen um die Befähigung zur Selbst-Steuerung. Daraus entstand in der Humanevolution mit der Geschlechtsreife ein neues Moratorium vor der nun eigentlichen Erwachsenheit.

Dieses besondere Moratorium diente in der Art des Fahrschul-Unterrichts und geschützter Fahr-Übungen in der Ablösung von der genetischen Verhaltenssteuerung (Es) und den Über-Ich-Strukturen der Befähigung seiner vollen Selbststeuerung wie zu Kommunikation, insbesondere im Geschlechterverhältnis insbesondere in Sachen Eros, Liebe und Beziehung. Denn darin liegt das Zentrum der biologischen Verhaltenssteuerung, was entsprechend am schwierigsten in der Selbststeuerung zu erschließen ist.

Dieser >Fahrschul-Unterricht< und die >Fahr-Übungen im geschützten Raum< ist in dem ethnologischen Bestand als >Jugend-Initiation< bekannt, wenngleich zumeist in verkürzten und auch oft in pervertierten Formen. Es ist jedoch von den heutigen neurologischen und psychologischen Einsichten her klar, worum es dabei im Ursprünglichen ging: nämlich um die Befähigung zu einer wirklichen Sprach-Beherrschung zwecks Kom-

41

munikation und Selbst-Steuerung (insbesondere im Geschlech-
ter-Verhältnis und vor allem in Sachen >Liebe<).

Der Erwerb einer wirklichen Sprach-Beherrschung hat hierbei
zwei Richtungen:

- zum einen zu verstehen, was es in der gemeinschaftlichen
Kommunikation an Bildern, Geschichten und Vokabular
braucht; wie die bestehenden Bilder, Geschichte und sein Vokabular genau zu verstehen sind und wie dies (in seinem Begriffs-
System) organisiert ist;

- zum anderen zu verstehen, dass die neuropsychogrammatischen Bilder, Geschichten und Wörter *Bilder, Geschichten* und
Wörter sind: dass Sprache *Sprache* ist: eine neurologische Funktion unserer Selbststeuerung zwecks Kommunikation und Kultur und kein Sachverhalt der äußeren Realität, sondern für den
Umgang mit Realität.

Um es in einem Bild zu formulieren: man begreift hier im Verlauf der Jugend-Initiation nun, dass die Geschichte vom Oster-
hasen durchaus eine kulturelle Bedeutung hat (hier: für die kind-
liche Bewusstseins-Entwicklung), aber anders zu verstehen ist,
als man dies als Kind zuerst gemeint hat. Entsprechendes gilt für
erheblich mehr, als man bei uns gemeinhin annimmt.

Dies scheint von je her mit Formen von Trance und einer nicht-
sprachlichen Meditation verbunden gewesen, um sich von den
ganzen sprachlichen Verinnerlichungen seit der frühesten Klein-
kind-Stufe zu lösen: von den sprachlichen Automatismen der
>inneren Wortmaschine< und den kindlichen Identifikationen
mit Rollen und Vorstellungen in den Bildern und Geschichten
der Kindheit.

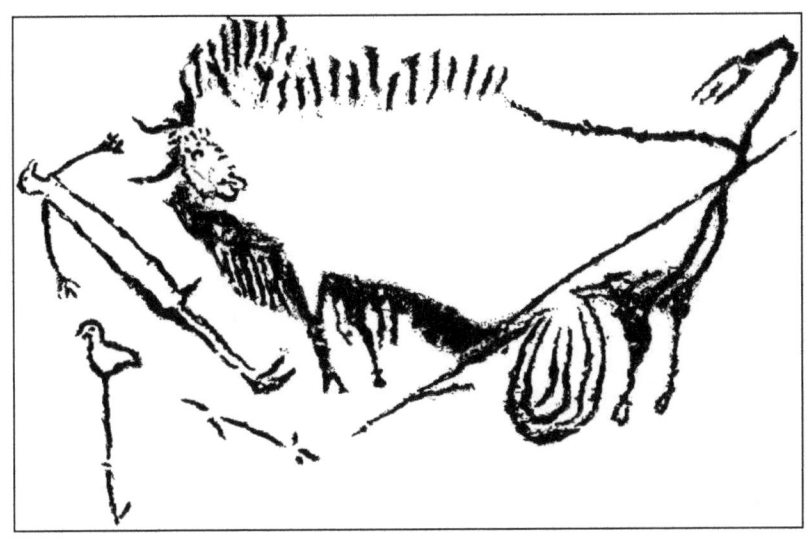

Die zentrale Darstellung der Höhle von Lascaux (F) [17] deutet
mit der Figur und dem Vogel auf Trance. Vgl. dazu:

„Die Höhle: Der Schoss der Buddhas
[...] Die beschriebene Höhle heißt Dorje Drubphuk (>unzer-
störbare Meditations-Höhle<). [...]. Dorje Drubphuk könnte
jede der zahlreichen Höhlen in den Tälern von Tibet sein.
Selbst kleine Täler rühmen sich, eine Guru-Rinpoche-Höhle
zu besitzen. Für den Yogi, der dort in Buddhas visionärem
Reich lebt, ist eine solche Höhle der Ort, der seine Meditati-
onspraxis unterstützt, ein Ort, der förderlich ist für die Erlan-
gung von spiritueller Verwirklichung und Macht. Für den
Laien und Gläubigen, der aus einem profanen Milieu stammt,
ist sie ein Fenster in das Reich der Vision." [18]

---

[17] Nachzeichnung. S. dazu Fotos z.B. in: Mario Ruspoli: Die Höhlenmalerei
von Lascaux, insbesondere S. 149
[18] Keith Dowman: Geheimes, heiliges Tibet, S. 230

„Unter zahlreichen traditionellen Völkern unserer Tage, einschließlich der australischen Aborigines und der südafrikanischen Buschleute, besitzen die Höhlenbilder einen direkten Bezug zu diesen Pubertätsriten. Beinahe immer dienen diese Riten auch dazu, Kenntnisse [... *seiner Kultur*] zu vermitteln. Tiere spielen in der Mythologie der meisten traditionellen Völker [...] eine entscheidende Rolle, und häufig dienen sie zugleich als Symbole der Geschlechtlichkeit und der Fruchtbarkeit." [19]

Es geht dabei aber im Ursprünglichen nicht um einen Fruchtbarkeits-Kult, sondern vielmehr um Aufklärung zwecks Erwerbs eines erwachsenen Umgangs mit Sexualität und dem anderen Geschlecht.

---

[19] in: Göran Burenhult: Illustrierte Geschichte der Menschheit I, S. 116

3 Zur historischen Sprach-Entwicklung

Die historische Entwicklung von Kultur sowie von Sprache hatten einen ambivalenten Hintergrund wie ambivalente Konsequenzen.

Auslöser dieser völlig neuartigen Entwicklungen waren die gigantischen Naturkatastrophen am Ende der Eiszeit in der Zeit vor etwa 15.000 bis 11.000 Jahren und mitunter noch länger. Sie bedeuteten das Aussterben vieler höherer Tier-Arten, und sie stürzten auch viele menschliche Kulturen in handfeste Notstands-Probleme, insbesondere im Nahen Osten.

Doch es waren auch diese besonderen Probleme, bei deren Lösungsversuchen neue Erfindungen und Entwicklungen entstanden. Diese Ansätze gingen so weit über die unmittelbaren Situationen hinaus, dass daraus die bis heute andauernde historische Entwicklung entstand. Dies war auch mit einer grundlegend neuen Sprach-Konzeption verbunden.

Allerdings waren manche Entwicklungen von dieser Ausgangslage im Notstand auch mit Konstruktionsproblemen verbunden. Dies gilt gerade auch in Bezug auf das Verstehen von Sprache und Kommunikation, was sich von den Anfängen im Nahen Osten bei uns bis heute fortsetzte.

Doch sind hier neue Einsichten und Lösungsansätze entstanden.

Die Eiszeit vor ca. 20.000 Jahren: **gepunktet** *Eis-Vergletsche-rung;* **dunkel ohne Punkte***: Land, das mit dem Anstieg des Mee-resspiegels am >Ende der Eiszeit<* **unterging***. Das Kaspische und das Schwarze Meer (ganz dunkel) bildeten einen Süßwas-ser-See. Grobskizze nach verschiedenen Angaben*

3.1 Die Naturkatastrophen am Ende der Eiszeit

Es ist bis heute noch immer der Fall, dass die neuen Entwicklungen am Ende der Eiszeit aus dem Vorteil des neuen Klimas erklärt werden. Im Nahen Osten wäre es hierbei zu einem regelrecht „fruchtbaren Halbmond" gekommen. Tatsächlich aber erklären sich diese Entwicklungen nach neueren Einsichten aus den Folgen gravierender Naturkatastrophen. Das gilt insbesondere auch für den Nahen Osten.

Insgesamt ist zu den Naturprozessen am Ende der Eiszeit in dem Umbruch vom Pleistozän auf das Holozän zu sagen:

„Dieser grundlegende Klimawechsel, der für viele Pflanzenfresser das Aussterben bedeutete, betraf auch den Menschen." [20]

„Die letzten 5.000 Jahre der Eiszeit waren eine Periode von Klimaveränderungen apokalyptischen Ausmaßes, die alles übertrafen, was uns heute bekannt ist." [21]

Im Nahen Osten kam es zuletzt zu Versorgungsproblemen wie sonst nirgends auf der Welt:

„In den Skeletten finden sich Indizien für Minderversorgung, womöglich durch Vitamin- und Eiweißmangel oder schlichten Hunger. Und die Menschen schrumpften. >Wir sehen eine drastische Reduktion der Körpergröße<, sagt der Paläoanthropologe Jean-Jacques Hubling vom Leipziger Max-

---

[20] W. von Koenigswald & J. Hahn: Jagdtiere und Jäger der Eiszeit, S. 92 f.
[21] Brian Fagan: Die Eiszeit – Leben und Überleben im letzten großen Klimawandel, S. 131

Planck-Institut für evolutionäre Anthropologie. >In der Übergangsphase waren die Leute schlecht ernährt.<" [22]

„In den Anfangszeiten der Landwirtschaft im Nahen Osten sank die Durchschnittsgröße der Menschen um fünfzehn Zentimeter." [23]   (- satte 15 cm!)

Anders als vielen höheren Tier-Arten gelang es dem Menschen insgesamt zu überleben, aber verbreitet auch nicht viel mehr.

Vor allem im Nahen Osten, der wesentlich von wüstenartigen Verhältnissen geprägt, von Meeren und Gebirgen weit größer als die Alpen umgeben ist und zwischen drei Kontinenten steckt, kam es in Bezug auf das Überleben zu höchsten Anforderungen.

Entsprechend entstand im Nahen Osten das Zentrum der Pionier-Entwicklungen neuer Technologien aller Art, auch in organisatorischer und in sprachlicher Hinsicht. Die zentrale Lage bot zunächst an, Erfahrungen bzgl. neuer Ansätze aus allen Richtungen einzuholen und zu sammeln. Bald wurde der Nahe Osten insgesamt zu einem Ideen-, Informations- und organisatorischen Zentrum. Die große Megalith-Anlage von Göbekli Tepe (Türkei – Grenze Syrien), die ab ca. 9.500 v. Chr. gebaut und schon größer wird als Stonehenge, ist in diesem Licht zu sehen. Dies deutet sich u.a. in den Zusammenhängen der sprachgeschichtlichen Entwicklungen wie etwa zwischen den Sprachfamilien an.

---

[22] Ulrich Bahnsen, in: Die *Zeit* Nr. 30, 20. Juli 2006, S. 25 f.
[23] Bill Bryson: Eine kurze Geschichte der alltäglichen Dinge, S. 57

3.2 Zu der Entstehung der historischen Sprach-Entwicklung

„Die Feingliederung der Sprachen, mit der wir heute leben, geht in ihren Anfängen auf die Periode der letzten Eiszeit zurück (vor ca. 12.000 Jahren). [...] Die formativen Prozesse aller bekannten Sprachfamilien sind nicht älter als ca. 10.000 bis 12.000 Jahre." [24]

Diese Einschätzung des Sprachforschers Harald Haarmann entspricht in etwa in etwa meinen Ergebnissen. Die uns bekannten Sprach-Konzeptionen sind grundlegend anderer Art als die humanevolutionär entwickelte Sprache des Homo sapiens bis zum Ende der Eiszeit.

Ich (CR) sehe jedoch einen sehr bestimmten Ursprung der historisch neuen Sprach-Entwicklung, nämlich in der nahöstlichen Mesolithischen Revolution um grob 11.000 v. Chr., die auch insgesamt die Grundlagen der historischen Entwicklung geschaffen hat. Aus ihr ging eine institutionelle Sozialorganisation hervor, die etliche der ursprünglichen kleinen freien Verbände umfasste, sprich die Konzeption von >Staat< im Verbund mit Ökonomie. Mit einer festen übergeordneten Organisation ließen sich die Kämpfe um Ressourcen vermeiden und Strukturen in der Beschaffung und Verteilung der notwendigen Ressourcen aufbauen. Diese Organisation kommt in ihrem dritten Schritt in Göbekli Tepe zum Ausdruck.

Es ist von den sprachlichen und kulturellen Grundlagen unserer Art Homo sapiens deutlich geworden, dass die neuen von der Mesolithischen Revolution begründeten Entwicklungen alles andere als organisch waren. Ohne die länger andauernden Notstandsprobleme wären sie gar nicht möglich geworden.

---

[24] Harald Haarmann: Weltgeschichte der Sprache, S. 127

In der humanevolutionär entwickelten Sprache HS waren Vokabular, Mythologie, Kultur, Recht und Soziales absolut aufeinander abgestimmt. In ihr steckte in der – auf die Bewusstseins-Entwicklung der Kinder abgestellten – Technik an Wortbildungen eine kulturelle Konzeption incl. >Utopie< (>Mythologie<) und Ziel-Vorstellung.

Sie stellte ein auf die Anforderungen des Lebens, der Bedürfnisse des Individuums und der sozialen Koordination ausgelegtes Vokabular und Begriffssystem. Mit dieser auf die kommunikativen Prozesse ausgelegten Sprache, in der die Vokabeln wie >Gerechtigkeit< und >Freiheit< ebenso wirksam handhabbar waren wie >Essen< und >Hütte<, war diese in sich selbst gleichzeitig auch seine Kultur-Anlage und Rechts-Verfassung. Genau damit stellte sie in all den Wechseln der Naturverhältnisse und der Standorte die Stabilität in einem guten und fähigen Sozialleben über Jahrzehntausende.

Doch was bis hierhin die großartige Leistung der humanevolutionär entwickelten Sprache HS war, wurde unter den Notstandsproblemen am Ende der Eiszeit zu dem Problem. Ihre Konzeption und ihre Wirkung auf die Sozialisation und Sozialprozesse leistete nicht das, was hier gebraucht wurde. Man hatte hier nicht die Zeit für eine zureichende Schulung in der Jugend-Initiation, und sie stand in vielem in ihrer Ausrichtung und Rechtsauffassung im Widerspruch zu dem, was hier für die Lösungen notwendig war.

So kam es (auch in diesem engeren Sinn) zur Mesolithischen Revolution, die mit ihrer menschlich neuartigen Organisation eine neue Verfassung, ein neues Rechtssystem und eine neue Sprach-Konzeption konstituierten – im Prinzip genau so, wie wir es heute (immer noch) kennen. Genau darin lagen auch die entscheidenden Momente, die die historische Entwicklung bis heute begründen und fördern sollten. (Nebenbei: die Nahrungsproduktion und die Neolithische Revolution kamen erst eine ganze Ära später in der Folge einer inzwischen massiv angewachsenen Bevölkerung im Nahen Osten).

Diese Zusammenhänge zwischen Sprache und Organisation machen diese Prozesse, die materiell und somit archäologisch nicht direkt fassbar werden, greifbar. Ohne eine neue Sprach-Konzeption wäre die neue organisatorische Entwicklung gar nicht möglich geworden. Umgekehrt brauchte die neue organisatorische Entwicklung auch eine neue Sprach-Konzeption: die neue organisatorische und die neue Sprach-Entwicklung gingen Hand in Hand einher.

Dies belegt sich auch an dem tieferen Zusammenhang, nämlich der neuen Sprach-Konzeption auf der Basis von Vokabular und Grammatik, so wie wir dies kennen. Denn diese Konzeption bedeutete eine Verabsolutierung der sprachlichen Oberflächen-Struktur aus Vokabular und Grammatik gegenüber der Anlage ihrer inneren semantisch-mythologischen Struktur. Damit verlor die Mythologie ihre eigentliche ursprüngliche Funktion für den strukturellen Zusammenhalt der Sprache. Das Aufkommen Tausender Sprachen war die Folge. Doch verlor sich damit auch als Definitionsgrundlage für den genaueren Inhalt seiner Wörter. Was nun >Gerechtigkeit< sozial genau bedeutet, ließ sich seitdem gesellschaftlich nicht mehr klären. Die Klärung der Inhalte von Sprache wurde mit der Mesolithischen Revolution bei Bedarf eine Angelegenheit seiner Organisation. Hier wurde nun durch Gesetze und Rechtsprechung entschieden, welches Unrecht nun Recht, wann das Tragen von Schutzhelmen Gewalt, wann Gewaltfreiheit ein Verbrechen und wann Töten nötig und Friedensdienst ist. Denn *Gerechtigkeit, Frieden, Liebe* usw. erklären sich (anders als >Stock<) ja nie aus sich selbst heraus.

Mit der Abspaltung der Mythologie als dem Inneren und dem semantischen Zusammenhalt von Sprache wurde die Mythologie frei für den Gebrauch der neuen Sozialorganisation.

Diese erste neue Sozialmythologie ist unter den >Stamm-Ahnen< bekannt. In ihr werden die ursprünglich rein mythologischen Sprachfiguren wie etwa >Frau Holle< und der >Ur- Vater< (- *JuPiTer* - *UrA^{h}n^{os}*) in Vermischung mit realen Vorfahren zu den auch wortwörtlich verstandenen >Stamm-Ahnen< in der Art von >Adam & Eva< umgedeutet.

Diese Vermischung, die sich möglicherweise schon mangels Sprachbeherrschung angebahnt hatte, war für die neue Organisation absolut konstitutiv. Die ursprüngliche mit diesen Sprachfiguren verbundene Kultur- und Rechts-Verfassung der eiszeitlichen Sprache HS wurde damit auf seine (*eigenen!*) Stamm-Ahnen übertragen. Damit verkörperten sie die Autorität der Stammes-Gesetze, die Gebietsansprüche seines Stamms wie der Autorität seiner Stammes-Führung in Organisation und Rechtsprechung. Umgekehrt erhielten die realen Vorfahren als >Stamm-Ahnen< erst durch die Vermischung mit den mythologischen Sprachfiguren ihre eigentliche, götterähnliche Autorität. Tatsächlich stiegen sie mit dem Neolithikum auch zu >Göttern< auf. So wird etwa der Name des keltischen Gottes *Teutates* als >Vater des Stammes< gedeutet. [25]

Gerade durch die Ablösung der *ursprünglichen* Mythologie von Sprache verwickelte sich die Sprache aus lediglich Vokabular und Grammatik notwendigerweise in Ideologie und Weltanschauliches - wo sie nicht gar die Zugänge zu der tieferen neurologischen Ebene verlor, die mit der Verhaltenssteuerung der Zwischenhirn-Ebene verbunden ist. Selbst wenn die Sprache rein rational wäre, entstehen angesichts unserer neurologischen Struktur in uns solche Effekte. Auch Vokabular und Grammatik können in sich selbst schon Ausdruck von Ideologie und Weltanschauung sein. Das >grammatische Geschlecht< und auch die Wörter >Mann< und >Frau< sind Beispiele dafür.

Im Emotionalen und in Bezug auf unsere Verhaltenssteuerung ist das Sprachliche in unseren neurologischen Strukturen aus sich selbst heraus mit Bildern, Geschichten und Mythologie verbunden. Wie uns dies – ohne eine weitere Auseinandersetzung – in Ideologie oder in der Faktizität von Macht und/oder Ökonomie an das System bindet, fehlt uns hier einiges für eine wirkliche Kommunikation und Selbst-Steuerung.

---

[25] Sylvia & Paul F. Botheroyd: Lexikon der keltischen Mythologie, S. 405

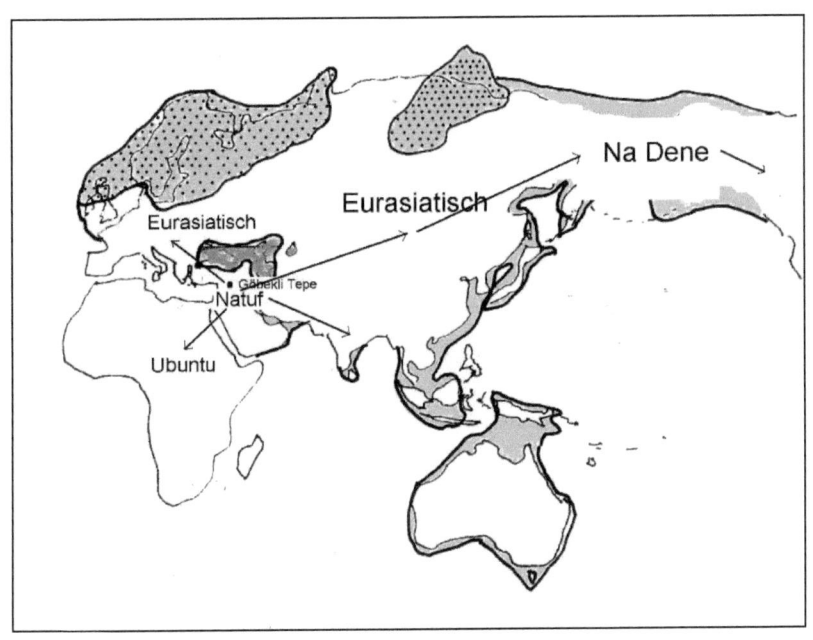

Skizze zur Ausbreitung der historischen Sprach-Konzeption

Den Ursprung unserer indogermanischen Sprache sehe ich (CR) in Göbekli Tepe in der Ära von 8.800 – 8.000 v. Chr. Dazu:

„Dass Indogermanisch und Hamito-Semitisch [*heute >Afro-asiatisch<*] in irgendeiner Weise näher zusammengehören, ist sicher. Der allgemeinste Sprachbau dieser beiden großen Sprachgruppen in Wortbildung, Flexion und Syntax ist sehr verwandt; vor allem sind sie die einzigen Sprachen der Welt, die voll flektierend sind und die eigenartige Erscheinung des grammatischen Geschlechts besitzen. Dazu kommt eine bedeutende Anzahl glaubhafter Wortgleichungen."[26]

Nähere Ausführungen dazu in meinem Buch zu >Mebuntu<

---

[26] Ernst Meyer, in: Anton Scherer: Die Urheimat der Indogermanen, S. 280

Einer der auf insgesamt über 200 geschätzten Stein-Pfeiler auf dem
Göbekli Tepe, die dort in „wenigstens 20 Anlagen" stehen. [27] Dieser
Pfeiler ist ca. 3,60 m hoch.

---

[27] Klaus Schmidt, in: Badisches Landesmuseum Karlsruhe: Vor 12.000
Jahren in Anatolien: Die ältesten Monumente der Menschheit, S. 84

Teil 2
Sprache beherrschen lernen

Kommunikation und
Nicht-sprachliche Meditation

ΠꞨꞨꞱꙆ⋎Ꝓ
ꙀꟼꙮꭡꙎꝹꞦ
ꞅꙮꞀꙎꞫꞫꟼ
ꟼꞩꞮꙎꞘꙆꞫꞫ
ꞱꙆꞭꙎꞮꞮꞮꞮꞮ
ꞮꞅꙎꞭꞭꙎꙆꟼ

Es wird sich bestimmt angedeutet haben, dass sich mit Sprache auch über den Bereich der Fremdsprachen hinaus eine Menge an interessanten und auch notwendigen Themen verknüpfen.

Leider können hier keine einfacheren und schnelleren Lösungen bzgl. der historisch entstandenen Sprach-Problematik in Aussicht gestellt werden. Doch besteht heute von dem Knowhow her das Potential, Lösungen zu entwickeln. Wie schnell Lösungen erreicht werden, hängt davon ab, in welchem Maß und wie kreativ daran gearbeitet wird.

Auch erste Schritte führen zum Ziel. Wir von der WNK treten etwa dafür ein, das grammatische Geschlecht abzuschaffen, wie es etwa im Englischen und Türkischen usw. der Fall ist, da dies eine Grundlage des Sexismus ist.

Meine besondere Kompetenz (CR) geht hier jedoch eher in den humanevolutionären und vor- und frühgeschichtlichen Bereich. Von hierher kann die **Werkstatt Neue Kultur** bei Interesse insbesondere folgenden **Veranstaltungen** anbieten:

- zur ursprünglichen Mythologie des Homo sapiens (HS)
- zur humanevolutionär entwickelten Sprache HS.

Bei Interesse wäre auch ein interner Arbeitskreis >Sprache und Ideologie< denkbar. Eine Zusammenarbeit zu >Kunst und Schriften< wäre für mich (CR) auch sehr von Interesse. Weiteres auf Anfrage.

Ich (CR) möchte hier anmerken, dass meine Kenntnisse in Sachen Sprache auf die besonderen Bereiche beschränkt sind, mit denen ich mich in meiner Forschung beschäftigt habe (s. die Literatur S. 74).

Im Weiteren sollen hier noch zwei Bereiche angesprochen werden, mit denen wir in der **Werkstatt Neue Kultur** bislang im Besonderen beschäftigt sind, nämlich mit

- **Kommunikation** sowie mit
- **nicht-sprachlicher** Meditation, wie sie u.a. auch im Zen praktiziert wird.

Mit der Methodik der >Gewaltfreien Kommunikation< (GFK) nach M.B. Rosenberg sowie durch eine nicht-sprachliche Meditation können entscheidende Bereiche von Sprache gelernt werden. Damit lassen sich die Zugänge im Sozialen, zur Realität wie in Bezug auf seine eigene Selbst-Steuerung deutlich optimieren, und zwar mit ersten deutlichen Effekten auch recht schnell.

Allerdings soll hier auch von vorneherein vor einer Unterschätzung der bestehenden Problematik gewarnt werden. Seine Art zu denken und das kommunikative Verhalten ist, wenn auch nicht in diesem Ausmaß, so doch in einer gewissen Tendenz ähnlich verinnerlicht wie Sprache. Selbst wenn man an einigen Stellen einige Probleme bemerkt, ist es doch ein längerer Prozess, sich sein Denken und sein kommunikatives Verhalten in einem höheren Maß anzueignen. Dennoch lohnt auch hier jeder Schritt.

Die **Werkstatt Neue Kultur** bietet hier – auch ganz nach Interesse – Seminare und Kurse zur Einführung wie auch nach Bedarf Begleitung bei selbst organisierten GFK-Übungsgruppen an. Ich (AP) stehe auch beruflich als Mediator zur Verfügung.

Kommunikation

„Kommunikation ist [...] vielleicht der wichtigste Faktor, der den Menschen zum Menschen macht. " [28]

In der Tat: wenngleich die Evolution von Sprache über die Umkehrung des Lautgebrauchs zwecks Selbststeuerung erfolgte, lässt sich dennoch sagen, dass Kommunikation das zentrale Moment der Menschwerdung war *und ist*. Sprache ist verinnerlichte Kommunikation (doch welche *heute*?), und es ist im menschlichen Sozial- und Beziehungs-Leben von zentraler Bedeutung, Kommunikation zu verstehen. Dies ist die Grundlage einer wirklichen Sprach-Beherrschung.

Leider ist von der historischen Entwicklung her festzustellen:

„90 Prozent der Zeit reden Menschen aneinander vorbei." [29]

„Es liegt in unserer Natur, einfühlsames Geben und Nehmen zu genießen. Wir haben uns jedoch viele Muster >lebensentfremdender Kommunikation< angeeignet, die dazu führen, dass wir uns selbst und andere mit unserem Sprachstil und unserem Verhalten verletzen." [30]

„Mittlerweile bin ich davon überzeugt, dass es um Sprache und Kommunikation geht. Die Antwort auf die Frage nach der Ursache von Gewalt liegt in der Art und Weise, wie wir gelernt haben zu denken, zu kommunizieren und mit Macht umzugehen." [31]

---

[28] Aljoscha Long & Ronald Schweppe: Praxisbuch NLP, S. 173
[29] Aljoscha Long & Ronald Schweppe: Praxisbuch NLP, S. 178
[30] Marshall B. Rosenberg: Gewaltfreie Kommunikation, S. 42
[31] Marshall B. Rosenberg & Gabriele Seils: Konflikte lösen durch Gewaltfreie Kommunikation, S. 11

Viele Probleme der Kommunikation liegen schlichtweg darin, dass man in unserer Kultur keinen Blick mehr dafür hat, was Kommunikation in Wirklichkeit ist. Man meint, Reden sei bereits Kommunikation, und damit beginnt schon das Problem. Denn wo Reden nicht wirkliche Kommunikation ist, behandelt man den Anderen als Objekt, auch wenn dies nicht so gemeint ist. Wo >Reden< keine Kommunikation ist, ist man selbst nicht wirklich bewusst: selbst Objekt neurologischer Vorgänge, in denen man auch oft mehr oder weniger System-Logiken vermittelt.

Gerade von dem Verständnis der Evolution von Sprache lässt sich begreifen, dass Kommunikation nicht von Sprache ausging, sondern das Verhältnis umgekehrt liegt. Es gab evolutionär schon lange nichtsprachlich Kommunikation und Interaktion, bevor Sprache dazu kam.

Es sei an dieser Stelle nochmal darauf verwiesen, dass es bei der Entstehung von Sprache auf der Stufe der Hominiden mit Vokabular und Grammatik um die Ebene von Produktion und Dienstleistung ging. Soweit verknüpft sich diese Art von Sprache in sich mit funktionalen Bereichen - und bei uns Menschen mit der Gefahr der Funktionalisierung. Es soll nichts gegen Produktion und Dienstleistung an sich gesagt sein. Doch wenn man Menschen dadurch zu Objekten macht, ist dies als Missachtung der eigentlichen Persönlichkeits-Ebene eine Form von Gewalt, auch wenn dies nicht so gemeint ist. Diese Einsicht liegt der >Gewaltfreien Kommunikation< zugrunde, auch positiv in dem Beachten, Menschen als wirkliches Subjekt anzusprechen.

Die humanevolutionäre Entwicklung baut sprachlich und auch sozial auf der Weiterentwicklung des Funktionellen auf. Durch das Verstehen der Funktionen entstand ein Verstehen von Beziehungen, Persönlichkeit und Sozialem: in dem Verstehen der Bedürfnisse der Anderen und seinen eigenen Bedürfnissen.

Aus deren Erfüllung erwachsen Beziehungen, gute Sozialverhältnisse und Lebens-Qualität. Zuerst war dies mit den Bedürfnissen der Kinder verbunden. Auch dies war von Bedeutung.

Denn es ist nicht so einfach, die Unterschiede zwischen >Interessen< und >Bedürfnissen< zu verstehen, was auf der Erwachsenen-Ebene leicht verschwimmt, vor allem in unserer historischen Notstands-Kultur.

>Bedürfnisse< sind direkte **primäre** Vorgänge der menschlichen Existenz, die von unserer biologischen Anlage *unabdingbar* Erfüllung suchen, letztlich wie das Atmen. Ein wirkliches Bedürfnis ist auch, als Person gesehen und ernst genommen zu werden (was bloßes [nicht zu Kommunikation entwickeltes] >Reden< bereits verletzt). Wo Bedürfnisse unerfüllt bleiben, entstehen strategische >Interessen<, die - ggf. mit Gewalt - ihre >Bedürfnisse< zu erfüllen suchen. Dies aber ist *in dieser Form* nicht möglich. Mit dem Durchsetzen von Interessen lassen sich nur die sekundären Momente erreichen, die der Tier-Stufe entstammen. Die Empfindungen von >Erfüllung< der Bedürfnisse stehen demgegenüber mit der spezifisch menschlichen Dimension in Verbindung. Sie ergeben sich durch eine Erfahrung an Zugewandtheit und Verbundenheit, die sich allein durch Kommunikation initiieren lässt.

Kommunikation meint immer mehr als nur ein Vermitteln von >Informationen<. Nach dem Modell der Kommunikationspsychologie von **Friedemann Schulz von Thun** besteht jede Aussage im Mitteilen wie im Hören gleichzeitig aus vier Aspekten. Man kann jedoch auch 6 Bezüge formulieren: [32]

„Da gibt es schon einmal drei personale Botschaften:

- Die Ich-Botschaft: Das empfinde ich!
- Die Du-Botschaft: So sehe ich dich!
- Die Wir-Botschaft: So sehe ich unsere Beziehung!

Und dann gibt es auch noch drei überpersönliche Botschaften:
- Die Sachbotschaft: Ich sehe es so!
- Der Kontext: die Situation

---

[32] Aljoscha Long & Ronald Schweppe: Praxisbuch NLP, S. 176

- Der Appell: Ich möchte, dass du das tust!"

Das primäre Moment von Kommunikation liegt in dem Beziehungsverhältnis, in der Empathie mit dem/der/den Anderen wie mit sich selbst (= seinem Selbst). Sprache kann dieses Beziehungsverhältnis vertiefen, präzisieren und auch um Funktionen erweitern. Von daher spielt Kommunikation, wie Michael Lukas Moeller in seinen wichtigen Büchern zeigt, vor allem in Beziehungen eine entscheidende Rolle.

Diese Dimensionen bleiben beim bloßen Reden unbewusst, leicht unfähig, oder sie werden gar übergangen. Wenn die Dimension von Kommunikation fehlt, wird durch bloßes Reden ein entfremdetes Verhalten reproduziert, das entsprechend entfremdend wirken kann, woraus in Beziehungen wie in der Gesellschaft der ruinöse Effekt entsteht.

Im Smalltalk wird der Sinn von Sprache schnell auf den Kopf gestellt. Er ist eine oft unbewusste Strategie, Beziehung zu vermeiden. Er kann wohl als eine gute Form von Theater die Funktion haben, negative Folgen aus problematischen Beziehungsverhältnissen zu vermeiden. Allerdings funktioniert dies nicht auf die Dauer.

Die Methodik der >Gewaltfreien Kommunikation< nach M.B. Rosenberg ist ein genial einfacher Ansatz, Kommunikation zu lernen. Doch so einfach die Grundprinzipien sind, so wichtig ist hier eine hinreichend lange Übung, bis man beim Reden den entscheidenden Unterschied von Kommunikation durchgearbeitet und auf der Alltagsebene beherrscht.

Die Literatur von M.L. Moeller bietet weitere wichtige Hinweise für die besonderen Kommunikations-Aspekte in der Paar-Situation.

Die nicht-sprachliche Meditation

Die nicht-sprachliche >Meditation< ist eine Übung, hinter die neurologische Ebene von Sprache zurückzukommen.

Es geht dabei soweit nicht um Zen, Religion oder Weltanschauung. Sicher lassen sich mit den Erfahrungen mit der nicht-sprachlichen Meditation noch weitergehende Aspekte und Zielsetzungen verbinden. Doch soll hier dieses Weitergehende als eine eigene Dimension betrachtet werden, um die es *hier* nicht geht. Wenn hier Erfahrungen aus der östlichen Tradition aufgenommen werden, so allein deswegen, weil dort das Problem der selbständigen sprachlichen Gehirn-Aktivität nicht so stark wie in unserer Tradition aus dem Blick geraten ist.

Hier geht es allein darum, dass die Übung der nicht-sprachlichen Meditation **die** (direkteste) Form ist, sich die selbständige sprachliche Gehirn-Aktivität aneignen zu lernen. Das Ziel hierbei ist nicht, insgesamt hinter den Gebrauch von Sprache zurückzukommen, sondern ganz im Gegenteil darum, Sprache neurologisch beherrschen zu lernen.

Erst wo man wirklich versucht, in einen nicht-sprachlichen Zustand zu kommen, wird die verselbständigte Sprach-Aktivität deutlich. Damit sind ganze Dimensionen verbunden.

Dzogchen Ponlop Rinpoche schreibt in Bezug auf seine Schulungs-Arbeit:

„Auf diesen beiden Aspekten, Achtsamkeit und Gewahrsein, beruht unsere ganze Schulung. >Gewahrsein< bedeutet: Wir verweilen in der Gegenwart *und* sind uns dessen bewusst. >Achtsamkeit< bedeutet, >sich daran zu erinnern< oder >nicht zu vergessen<, den Geist zu beobachten und es zu bemerken, wenn er abschweift, gewissermaßen aus der Gegenwart herausfällt. Im selben Moment, wo wir das sehen, sind wir wieder >da<. Ohne die Achtsamkeitsaktivität verlieren wir uns im nicht abreißenden Gedankenstrom des Geistes, und unser Gewahrsein wird wie ein Kind, das sich im dichten Wald verlaufen hat." [33]

>Im Abstand zu der inneren Wortmaschine< [34] ist jedoch in Wirklichkeit noch zu schwach formuliert. Da Sprache an sich sehr bestimmte neurologische Funktionen hat, ist es nicht ohne Konsequenz, wenn die sprachliche Gehirn-Aktivität permanent in Betrieb ist; diese nicht wirklich gesteuert werden kann und ggf. auch sehr hochtourig eingestellt worden ist.

Ich (CR) hatte es bereits in dem Abschnitt zum >Dammbruch< angesprochen:

„Die innere Stimme sprudelt wie eine Quelle, die nicht zum Versiegen gebracht werden kann, und erzeugt dabei einen unaufhörlichen Strom von Gedanken und Vorschlägen. Wie sehr wir uns auch bemühen mögen, es gelingt uns nicht, sie abzuschalten. Wenn wir einmal versuchen, ganz entspannt dazusitzen und unseren Kopf von allen Gedanken frei zu machen, so werden wir dies vermutlich nicht länger als eine Sekunde [!] durchhalten." [35]

Mal davon abgesehen, dass der Begriff der >inneren Stimme< hier falsch verwendet ist (s.u.) und vielmehr von der selbständigen sprachlichen Gehirn-Aktivität zu sprechen ist, stolperte ich bei diesen Ausführungen auch darüber, dass der Autor John McCrone die Meinung vertrat, dass man nicht viel länger als *eine* Sekunde den Kopf von sprachlichen Aktivitäten frei halten könnte. Das finde ich schon extrem wenig. Auch stelle ich (CR) fest, dass bei mir oft eher Musik abläuft. Bei geschlossenen Au-

---

[33] Dzogchen Ponlop Rinpoche: Rebell Buddha, S. 129 f.
[34] So der Titel des >Selbsthilfe- und Therapiebegleitbuchs< von Steven C. Hayes und Spencer Smith
[35] John McCrone: Als der Affe sprechen lernte, S. 191

gen können bei mir bei stärkeren künstlerischen Auseinandersetzungen auch eher Farbspiele ablaufen.

Der Ausgangspunkt liegt humanevolutionär in der immer höheren neurologischen Unreife der Säuglinge, wo es in sprachlicher Hinsicht auch zu einer Art >Dammbruch< kam. Dies war für die Möglichkeit, die Fähigkeit zur Selbststeuerung zu erwerben, die Voraussetzung (→ S. 27 f.).

Dieser >Dammbruch< ist das eine. Das Andere ist, welchen Einflüssen dieser Gehirnbereich in dem Zustand der neurologischen Unreife ausgesetzt ist. Hier scheint es kulturell wie von der praktischen Umgebung bedeutsame Unterschiede zu geben. Die zivilisatorische Kultur erweist sich in einem Höchstmaß vom Sprachlichen bestimmt. Im Urbanen kann noch hinzukommen, dass ein Mangel an >natürlichen Reizen< besteht und diese Defizite mit entsprechenden Problematiken durch andere Reize kompensiert werden, etwa neben geschmacklichen Reizen oder Rauchen auch sprachlicher Art. Von dort her mag die sprachliche Gehirn-Aktivität sogar so hochgradig aktiviert sein, dass man kaum eine Sekunde davon wegkommt.

Da jedoch mit Sprache eine Steuerungsfunktion verbunden ist, führt die ständige sprachliche Gehirn-Aktivität zu einer entsprechenden neurologischen Mobilisierung, die sich bei manchen als innere Unruhe und bei anderen als Aktivismus niederschlägt. Denn natürlich >weiß< man bei den heutigen Verhältnissen, was es noch alles zu tun gäbe: Staub putzen, mehr Sport treiben, sich um besseres Essen bemühen, sich hier und dort mal wieder melden usw. Je weniger man diese Aktivitäten in seinem Gehirn beherrscht, desto mehr gerät man in einen Mobilisierungszustand mit entsprechend banaleren und reaktiveren Inhalten – und desto weniger beherrscht man die sprachlichen Gehirn-Aktivitäten usw.

Insofern gehört es zu den ersten Effekten der nicht-sprachlichen Übung, Entspannung und innere Ruhe zu erleben, da man dabei aus dem Mobilisierungs-Effekt der verselbständigten Sprach-Aktivität heraustritt. Wo man länger auf der nicht-sprachlichen

Ebene verbleiben kann, kann dies u.a. einen enormen Eindruck hinterlassen und auch zu einer Veränderung seiner Mechanismen führen. Als der indische Meister Sri Aurobindo in seiner Yoga-Ausbildung mit der nicht-sprachlichen Meditation beginnen sollte, gelang es ihm auf Anhieb, ganze drei Tage in diesem Zustand zu verweilen, was absolut außergewöhnlich ist. Bereits nach einem Tag „war mein Geist erfüllt von einer ewigen Stille. Sie ist immer noch da." [36]

Zu lernen, mehr aus der selbständigen sprachlichen Gehirn-Aktivität herauszukommen, schafft weit über die direkten Übungen hinaus Effekte in Bezug auf seine neurologische Anlage. Sie ergeben mehr innere Ruhe, Gelassenheit, [*] mehr Fähigkeit zu Konzentration, zu tatsächlich selbst bestimmten Aktivitäten und an mehr Klarheit bzgl. eines selbst bestimmten Lebens. Wie schnell diese Effekte ersichtlich werden, hängt daran, welche Konstitution man dafür mitbringt. Sie sind ggf. nicht schnell zu erreichen, aber sie sind (nach dem Ausmaß an sozialen Freiräumen) zu erreichen.

Wo man meint, man wäre bereits in der Ruhe, mit sich eins zu sein, ist eher zu befürchten, tatsächlich in bestimmte (etwa weltanschauliche) Vorstellungen und in Identifizierungen geraten zu sein.

Ein Effekt der nicht-sprachlichen Übung besteht in der Auflösung von Identifizierungen. Man muss zunächst überhaupt erstmal diese >innere Wortmaschine<: die selbständige sprachliche Gehirn-Aktivität, die vielen inneren Stimmen und seine sprachlich produzierten Konstrukte bemerken, bevor man überhaupt in seiner tatsächlichen Ich-Ebene an das Steuer seines Denkens, seiner Handlungs-Impulse und seines Lebens insgesamt kommt (und zu wirklicher Kommunikation fähig wird. Die Übung bzgl. von Kommunikation kann enorm helfen, sich selbst = sein Selbst wahrzunehmen).

---

[36] Sri Aurobindo, in: Otto Wolff: *Sri Aurobindo*, S. 36
[*] bestimmte psychische Probleme sind ggf. nicht auf diese Weise zu lösen

Allerdings ist diese Ablösung von seinen Mechanismen und Identifizierungen auch erstmal irritierend. Der tibetische Meister Yongey Mingyur Rinpoche schreibt hierzu:

„Verwirrung, so wurde ich gelehrt, ist der Anfang des Verstehens, das erste Stadium des Sich Lösens vom neuronalen Geschwätz, das uns an ganz bestimmte Vorstellungen darüber, wer wir sind und wozu wir fähig sind, kettete. Mit anderen Worten, Verwirrung ist der erste Schritt auf dem Pfad zu wirklichem Wohlergehen.
[...]
Sie sind nicht das beschränkte, von Angst und Sorge erfüllte Wesen, für das Sie sich halten. Jeder buddhistisch geschulte Lehrer kann Ihnen mit aller aus persönlicher Erfahrung erwachsenen Überzeugung sagen, dass Sie in Wirklichkeit die Essenz von Mitgefühl sind [...].
Meine Untersuchungen mit Experten in Europa und den USA ließen mich begreifen, dass – strikt wissenschaftlich gesprochen – die meisten Menschen irrtümlicherweise ihr gewohnheitsmäßig aufgebautes, neuronal konstruiertes Selbstbild für das halten, was und wer sie wirklich sind." [37]

Andere Aspekte ergeben sich aus Neurologie und Psychologie:

„Wessen Bewusstheit nicht geweckt ist, der handelt so, wie ihn die beiden [evolutionär] älteren Gehirnsysteme [der Tierstufe] handeln heißen, nämlich nach ihrer Art, obwohl die Absicht zu handeln vom höheren, dem dritten System ausgegangen war.
[...]
In solchen Fällen also bewirkt die schnellere, automatische Tätigkeit der unteren Gehirnsysteme, dass der Teil der Handlung, der mit stärkerem Gefühl verbunden ist, fast unverzüglich ausgeführt wird, während der Teil, der vom Denken, also von dem höheren System herkommt, langsamer und daher

---

[37] Yongey M. Rinpoche; Buddha und die Wissenschaft vom Glück, S. 79 f.

erst dann einwirken wird, wenn die Handlung schon fast zu Ende oder sogar vorüber ist." [38]

Es ist zunächst die Fähigkeit, diese inneren Prozesse und Impulse in der Meditation, in der Kommunikation wie insgesamt beobachten – und ggf. auch *aushalten* - zu lernen, woraus die wirkliche Steuerung seines Lebens entsteht. Der Neurowissenschaftler Manfred Spitzer erklärt dies so:

„Mein Frontalhirn sorgt dafür, dass ich nicht immer gerade das tue, was ich von meinen körperlichen Bedürfnissen her jetzt und hier unmittelbar eigentlich am liebsten tun würde. Ich kann die Zeit zwischen Input und Output überbrücken, etwas einschieben oder aufschieben, *mich also von der Unmittelbarkeit des Augenblicks in meinen Handlungen lösen.* [...]
Im Frontallappen ist der, wie man heute allgemein gern sagt, *Kontext* meines Handelns repräsentiert. Dieser Kontext ist ganz konkret diejenige hierarchisch geordnete Struktur von Fakten, Zielen, Gefühlen und Randbedingungen, die meine Handlungen leiten. Ein wichtiger Teil dieses Kontextes sind die *Mitmenschen* und meine Einschätzung von *deren* Gedanken, Zielen und Bedürfnissen. [...] Daher ist das Frontalhirn wesentlich für funktionierendes *Sozialverhalten* und das Sich-in-andere-Hineinversetzen, die Empathie." [39]

Die Aufmerksamkeit für die Prozesse, die in einem ablaufen (auch im Kontext von Kommunikation), ist die Voraussetzung für die Ich-Entwicklung = die Aneignung dieser Prozesse für eine wirkliche Selbst-Steuerung. Die biologischen: emotionalen und körperlichen Impulse kommen aus dem Selbst. Das Ich ist der >Steuerer<: die eigentliche Subjekt-Ebene der Selbst-Steuerung, die man sich jedoch zunächst erst aneignen lernen muss. Das Ich muss man sich zuerst *selbst* erwerben. Es entsteht aus dem bewussten Beobachten.

---

[38] Moshé Feldenkrais: Bewusstheit durch Bewegung, S. 75
[39] Manfred Spitzer: Lernen, S. 331

An dieser Stelle ist es von Bedeutung, die >innere Stimme<: die Stimme seiner Persönlichkeit auf der Selbst-Ebene (der ganzen Impulse) von der übrigen sprachlichen Gehirn-Aktivität unterscheiden zu lernen.

Denn der eigentliche Zugang zu sich selbst = seinem Selbst verknüpft sich auf der sprachlich-geistigen Ebene mit der >inneren Stimme<. Es besteht in der Persönlichkeits-Entwicklung ein substanzielles Wechselverhältnis zwischen Ich und Selbst. Das Ich ist die Steuerungsfunktion des Selbst. Das Ich baut auf dem Selbst (Körper, Gefühl usw.) auf. Doch ist das Selbst ab der Pubertät auf eine fähige Steuerung: auf ein mehr und mehr erfahrenes und geklärtes Ich angewiesen. Sonst ist sein Verhalten und sein Leben wie Fahren ohne Fahrschule und oft auch wie Trunkenheit am Steuer. Bei den großen historischen Problemen wird dann diese Problematik offenkundig. (Das Ego erwächst aus Bedrohungen des Selbst, doch zerstört es auf die Dauer die Ich-Funktion).

Die *Anlage* des Menschen auf ein >Ich< ist die Konsequenz der Ablösung von der genetischen Verhaltens-Steuerung der Tier-Stufe. Die entscheidende evolutionäre Ursache dafür lag in dem zu unfähig gewordenen Beziehungs- und Sozial-Leben aufgrund von zu langweiligem Banalismus und zu intelligenten Konkurrenzkämpfen um Ränge und Geschlechtspartner/innen, was bei den Hominiden im Aussterben und historisch in Kriegen und kulturellen Zusammenbrüchen endete.

Demgegenüber entstand mit dem Ich in einer fähigen Selbst-Steuerung auf der Basis von gemeinschaftlicher Kommunikation der große evolutionäre Erfolg des Homo sapiens.

Ein fähiges Sozial- und Beziehungs-Leben in erfüllten Bedürfnissen ist eine echte menschliche Möglichkeit. Doch setzt sie die Entwicklung einer fähigen Selbst-Steuerung und Kommunikation voraus.

Seminare und Kurse der WNK
zu Sprache, GFK und nicht-sprachlicher Meditation

Wir verstehen unsere Angebote insgesamt als Bestandteil der Entwicklung einer Neuen Kultur jenseits von Macht und Gewalt. Die Beherrschung von Sprache und Kommunikation spielt hierbei eine fundamentale Rolle.

Termine auf der Homepage www.werkstatt-neue-kultur.net

Im Moment finden unsere Seminare eher auf Anfrage und im kleinen Kreis statt.

- Zu Sprache s.o. nach Anfrage

- Zu Kommunikation
Die Methodik der Gewaltfreien Kommunikation (**GFK**)

Einführung in die Konzeption der GFK
GFK-Übungsgruppen

GFK als Ansatz für Selbst-Erfahrung
GFK als Ansatz wirklicher Begegnung

Die Seminare und Kurse zur GFK sind auch eine gute Basis für weitergehende Kontakte und selbst organisierte Treffen und Gruppen. Dafür bieten wir auch Coaching sowie Mediation an.

- Nicht-sprachliche Meditation
Seminare zu Sprache und nicht-sprachlicher Meditation nach Anfrage

s. dazu auch →

Die nicht-sprachliche Meditation lässt sich auch gut im Rahmen von Zen üben. Insgesamt gibt es im Zen verschiedene Tradierungs-Linien, Auffassungen und Stil-Formen, wo man sehen muss, ob und was da für einen passend ist. Der Zen-Kreis Wuppertal gehört nicht zur WNK. Doch besteht in der Person Andreas Poggel eine Verbindung zur WNK. So hat sein Zen-Kontext wohl eigene Aspekte, doch ist er nicht mit einer anderen Grundhaltung verbunden.

Zen-Kreis Wuppertal

Der von Andreas Poggel (mit-) geleitete Zen-Kreis in Wuppertal ist zwar stilistisch an der japanischen Tradierung angelehnt, aber nicht weltanschaulich ausgerichtet. Ganz im Gegenteil geht es darum, sich von den geistig-sprachlichen Fixierungen und Vorstellungen zu befreien (vgl. Dzogchen Ponlop Rinpoche S. 62 f.) und mit der wirklichen Lebendigkeit in Verbindung zu kommen.

S. dazu inhaltlich, Termine und weitere Kontakte auf der Homepage:

www.zen-im-tal.de

Angebote zu Mediation →

Andreas Poggel: Mediation & Kommunikation

Trainerausbildung in Gewaltfreier Kommunikation, lizenzierter Mediator BM®

www.poggel-kommunikation.de

70

Zitierte Literatur

Badisches Landesmuseum Karlsruhe, Vor 12.000 Jahren in Anatolien: Die ältesten Monumente der Menschheit (Große Landesausstellung Baden-Württemberg 2007), Stuttgart 2007

Sylvia & Paul F. **Botheroyd**: Lexikon der keltischen Mythologie, München 1999

Emma **Brunner-Traut** (Hg.): Altägyptische Märchen (Diederichs Märchen der Weltliteratur), Reinbek 1991, 1993

Bill **Bryson**: Eine kurze Geschichte der alltäglichen Dinge, (Original London 2010) Goldmann Verlag München 2011

Göran **Burenhult** (Hg.): Illustrierte Geschichte der Menschheit, (Hamburg) Augsburg 2000

Hoimar von **Ditfurth**: Der Geist fiel nicht vom Himmel, Die Evolution unseres Bewusstseins, (Hamburg) (Augsburg 1990)

Keith **Dowman**: Geheimes, heiliges Tibet – Ein Führer zu den Mysterien des verbotenen Landes, Kreuzlingen, München 2000

Dzogchen Ponlop Rinpoche: Rebell Buddha, Aufbruch in die Freiheit (Or. >Rebel Buddha<, Shambala Publications, Boston, M.A., 2010) Knaur Taschenbuch, München (Dezember) 2012 (2011 O.W. Barth Verlag)

Brian **Fagan**: Die Eiszeit – Leben und Überleben im letzten großen Klimawandel, Theiss Verlag Stuttgart, 2009

Moshé **Feldenkrais**: Bewusstheit durch Bewegung, Der Aufrechte Gang, Frankfurt/M 1968, TB: 1978, 1985

GEO Wissen: Die Evolution des Menschen, Wie wir wurden, was wir sind. Heft September 1998, Hamburg 1998

A.C. **Grayling**: Wittgenstein, Herder Verlag Freiburg – Basel – Wien o. J.

Harald **Haarmann**: Weltgeschichte der Sprache – Von der Frühzeit des Menschen bis zur Gegenwart. Verlag C.H. Beck, München, 2006

Steven C. **Hayes** & Spencer **Smith**: In Abstand zur inneren Wortmaschine, Ein Selbsthilfe- und Therapiebegleitbuch auf der Grundlage der Akzeptanz- und Commitment-Therapie (ACT), dgvt-Verlag, Tübingen, 2007

Wighart von **Koenigswald** & Joachim **Hahn**: Jagdtiere und Jäger der Eiszeit, Fossilien und Bildwerke, Stuttgart 1981

Martin **Kuckenburg**: Wer sprach das erste Wort? Die Entstehung von Sprache und Schrift, Konrad Theiss Verlag Stuttgart 2004

Roger **Lewin**: Spuren der Menschwerdung, Die Evolution des Homo sapiens, Heidelberg 1992

Aljoscha **Long** & Ronald **Schweppe**: Praxisbuch NLP. Südwest-Verlag München 2014, 2. Auflage 2016

John **McCrone**: Als der Affe sprechen lernte, Die Entwicklung des menschlichen Bewusstseins, Frankfurt/M 1992

Michael Lukas **Moeller**: Die Liebe ist das Kind der Freiheit; rororo, Reinbek bei Hamburg, 1990, 16. Aufl. 2008 (Rowohlt 1986)

Marshall B. **Rosenberg**: Gewaltfreie Kommunikation, Eine Sprache des Lebens. Junfermann-Verlag Paderborn, 2001, 8. Auflage 2009

Marshall B. **Rosenberg** & Gabriele **Seils**: Konflikte lösen durch Gewaltfreie Kommunikation – Ein Gespräch. Herder Verlag Freiburg, Basel, Wien 2004 (7. Auflage)

Mario **Ruspoli**: Die Höhlenmalerei von Lascaux, Auf den Spuren des frühen Menschen, Augsburg, 1998

Oliver **Sacks**: Der Mann, der seine Frau mit einem Hut verwechselte, Rowohlt Taschenbuch Verlag, Reinbek bei Hamburg 1990 (1994) (Or. New York 1985)

Wolfgang **Schmidbauer**: Wie Gruppen uns verändern – Selbsterfahrung, Therapie und Supervision, Kösel-Verlag München, 1982

Manfred **Spitzer**: Lernen: Gehirnforschung und die Schule des Lebens, Spektrum Akademischer Verlag Heidelberg – Berlin, (2002), korrigierter Nachdruck 2003

Anton **Scherer** (Hg.): Die Urheimat der Indogermanen, Darmstadt 1968

Otto **Wolff**: *Sri Aurobindo*, Reinbek, 1967

Yongey Mingyur Rinpoche: Buddha und die Wissenschaft vom Glück. Ein tibetischer Meister zeigt, wie Meditation den Körper und das Bewusstsein verändert. Goldmann, München 2007 (Original: >The Joy of Living<, Harmony Books, New York 2007

Literatur von Christoph W. Rosenthal

zu Humanevolution, Geschichte und Sprache

- **Die Humanevolution war ganz anders** – Eine überfällige Revision, Remscheid, 2018. (Version 1.1 März 2019)

- **Zur Evolution von Selbststeuerung, Liebe, Kommunikation & Kultur**, Januar 2021

- **Kulturologie** - Die Wissenschaft bzgl. der Software-Struktur des Menschen. Remscheid 2023

- **Die kopernikanische Wende unseres Weltgeschichts-Bildes**, Remscheid, 2018 (Version 1.2 Januar 2023)

- **Die Mesolithische Revolution** – die Begründung der historischen Entwicklung. Rediroma; Januar 2021

- **Cûl Tura**: Die Entzifferung und Rekonstruktion der ursprünglichen Sprache des Menschen. 2021
  Band 1: Die ursprüngliche Sprache des Homo sapiens
  Band 2: Zur Etymologie unserer Wörter

- **Mebuntu**: Die erste historische Sprachform. 2021

- **Frau Holle und der Drache von Lascaux**: Die eiszeitliche Symbolik und Kultur des Homo sapiens (im Licht der Rekonstruktion der eiszeitlichen Sprache des Homo sapiens), Juli 2021

usw.

www.christoph-w-rosenthal.de

Edition Neue Kultur

www.edition-neue-kultur.de

Materialien zu Geschichte und der Neuen Kultur.
Ein Label der **Werkstatt Neue Kultur**

Werkstatt Neue Kultur

Telotopia

Ein kulturarchitektonischer Entwurf einer
wünschenswerten Kultur der Zukunft

WNK-Schriften

- Sprache beherrschen
- Kommunikation
- Was ist >Neue Kultur<?   (in Vorbereitung)
...

Weitere Materialien in Vorbereitung

Werkstatt Neue Kultur

Hg. Christoph W. Rosenthal & Andreas Poggel

Telotopia

Telotopia ist ein kulturarchitektonisches Modell einer sozial stabilen & gerechten, ökologisch nachhaltigen, kulturreichen und wünschenswerten Kultur der Zukunft. Damit möchten wir veranschaulichen, was >Neue Kultur< für uns im gesamtgesellschaftlichen Ergebnis in etwa meint.

Dieser Entwurf basiert auf Einsichten in die humanevolutionäre und kulturgeschichtliche Entwicklung, auf Beispielen historisch-ethnologischer Kulturen wie auf humanwissenschaftlichen Erkenntnissen wie u.a. der Psychologie und Pädagogik. Dabei geht es nicht um eine bloße utopische Fantasie. Die Verwirklichung einer Kultur in der Art von Telotopia erscheint real möglich – im Grunde sogar relativ leicht, sofern sie ein entsprechendes Interesse findet.

Es werden unterschiedliche Fassungen in verschiedener Länge, Druckqualität und in zwei Formaten angeboten.

www.edition-neue-kultur.de